離婚時年金分割の考え方と実務 第2版

―年金の基礎知識から分割のシミュレーションまで―

年金分割問題研究会 編

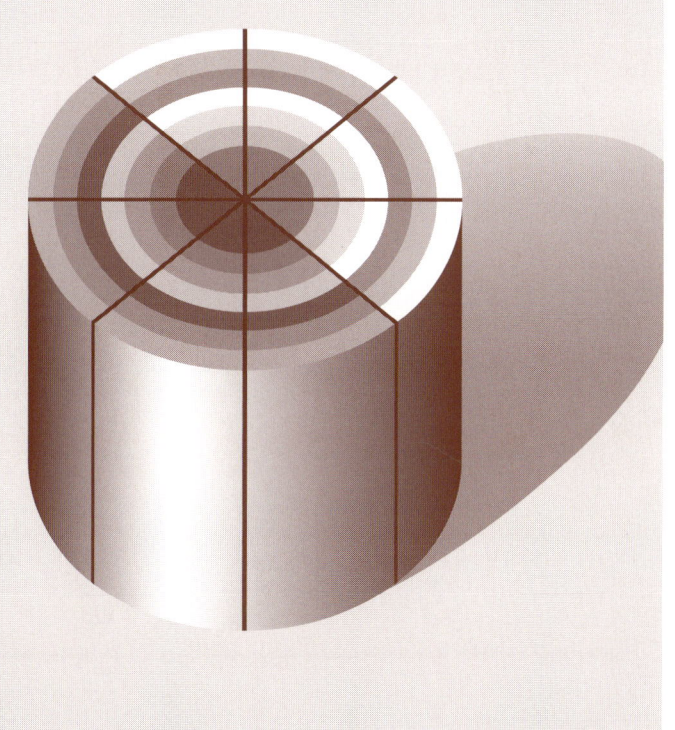

発行 民事法研究会

第 2 版はしがき

　本書初版は、平成19年4月に離婚時年金分割制度が始まると同時に刊行され、年金制度や離婚事件、合意分割および3号分割についての基礎的な理論を解説するとともに、典型的な4つの事例のシミュレーションを取り入れ、離婚時年金分割が行われた場合の年金額の変化について具体的にイメージできるよう構成したことで、多くの方々から好評を得ておりました。

　最高裁判所の統計によれば、制度初年である平成19年4月から同年12月までに受理された離婚訴訟7682件中635件（8.3％）、同期間に受理された離婚調停4万529件中3921件（9.7％）について、付随して年金分割の申立てがありました。また、すでに係属していた離婚訴訟には758件（25.9％）、離婚調停には2165件（74.1％）が追加して申し立てられました。これが平成24年においては、終局した人事訴訟1万1840件中1995件（25.2％）について付随して申立てがあり、離婚調停についての統計は公表されていないものの、離婚訴訟、離婚調停の場では、すっかり定着した感があります。

　そこで、最新の実務動向、年金制度に関する諸般の改正、平成25年1月に施行された家事事件手続法等に対応するために、第2版を刊行することとなりました。また、事例のシミュレーションで用いている物価スライド率や年金額については、平成25年度に使用するものとして所要の改訂を行っています。なお、第2版では、これらを踏まえ、タイトルについても本書を活用する場面に合わせて改題させていただいたことをお断りいたします。

　最後になりましたが、第2版の刊行にあたっては、株式会社民事法研究会代表取締役・田口信義氏および編集部の南伸太郎氏、松下寿美子氏にお世話になったことを心から感謝いたします。

　平成25年7月吉日

執 筆 者 一 同

は　し　が　き

　平成16年6月に公布された「国民年金法等の一部を改正する法律」（平成16年6月法律第104号）などにより創設された「離婚時年金分割制度」が、平成19年4月1日から施行になります。これまでにも、すでに多くの機会に新聞、雑誌等で紹介されて広く知られるようになり、年金分割制度が施行されるまで離婚するのを待っている女性もいるとまでいわれるような状況にあります。

　その一方で、制度施行に先駆けて、社会保険庁では、年金分割の請求（標準報酬改定請求）を行うために必要な情報の提供を開始しており、また、家庭裁判所では調停、審判などの手続の整備を図るなど、制度運用のしくみも整いました。

　離婚時年金分割制度に関して、その概要などをひもとく多くの解説書がすでに出版されています。本書も、また、その解説書の1冊ではありますが、より理論的に、かつ実践的な内容とするため、年金に関する実務家（社会保険労務士）、法律研究者（大学教授）、裁判実務家（裁判官、裁判所書記官）による検討会を数回にわたって開催し、検討会の議論を集約してこの1冊を世に贈ることとしました。本制度のもとで離婚を考えている方、その相談を受ける専門家など、幅広い方々にとって参考となれば幸いです。

　なお、本書の刊行にあたっては、株式会社民事法研究会代表取締役・田口信義氏および編集部の篠塚昭仁氏の多大なご援助、ご協力をいただいたことを心から感謝いたします。

　　平成19年3月吉日

　　　　　　　　　　　　　　　　　　　　　　　　　　執 筆 者 一 同

目　次

第1章　離婚時年金分割制度創設の背景と概要

Ⅰ　二つの年金分割制度 …………………………………………2
Ⅱ　年金に関する従前の取扱い …………………………………3
　1　離婚後の夫婦の年金に関する問題点 ……………………3
　2　財産分与 ……………………………………………………4
　3　財産分与における年金の取扱い …………………………6
Ⅲ　合意分割制度 …………………………………………………7
　1　根　拠 ………………………………………………………7
　2　按分割合（分割の割合）…………………………………8
　3　分割の手続 …………………………………………………10
　4　分割の効果 …………………………………………………10
Ⅳ　3号分割 ………………………………………………………11
　1　概　要 ………………………………………………………11
　2　制度趣旨 ……………………………………………………11
Ⅴ　合意分割と3号分割の関係 …………………………………13
Ⅵ　離婚時年金分割施行後の財産分与 …………………………14
　1　手　続 ………………………………………………………14
　2　実　体 ………………………………………………………14

第2章　離婚についての基礎的理解

Ⅰ　離婚を考えている人へ ………………………………………16
　1　離婚とは何か ………………………………………………16
　2　離婚を決める前に …………………………………………16
　3　離婚を決意してからの注意点 ……………………………17
　4　子どもたちに対する配慮 …………………………………18
Ⅱ　協議離婚 ………………………………………………………19

目　次

　　1　離婚届の作成と届出…………………………………………………19
　　2　離婚と離婚給付との関係……………………………………………20
　　3　財産分与・合意分割請求・離婚慰謝料の関係……………………22
　　　(1)　財産分与……………………………………………………………23
　　　(2)　年金分割請求と財産分与の関係…………………………………24
Ⅲ　調停離婚と審判離婚………………………………………………………25
　　1　家事調停（夫婦関係調整）事件の申立て…………………………25
　　　(1)　立会人を交えた話合い……………………………………………25
　　　(2)　立会人がみつからない場合………………………………………26
　　2　家事調停とは何か……………………………………………………27
　　3　離婚調停とは…………………………………………………………28
Ⅳ　裁判離婚と和解離婚………………………………………………………29
　　1　離婚訴訟の提起と裁判離婚…………………………………………29
　　2　離婚原因………………………………………………………………30
　　　(1)　五つの原因…………………………………………………………30
　　　(2)　請求が棄却されるケース…………………………………………32
　　3　和解離婚・認諾離婚…………………………………………………32
　　　(1)　和解離婚……………………………………………………………32
　　　(2)　認諾離婚……………………………………………………………34

第3章　年金についての基礎的理解

Ⅰ　公的年金の種類……………………………………………………………36
　　1　はじめに………………………………………………………………36
　　2　公的年金のしくみ……………………………………………………36
　　3　国民年金・厚生年金・各種共済年金………………………………36
　　　(1)　国民年金（国民年金法）…………………………………………36
　　　(2)　厚生年金（厚生年金保険法）……………………………………36
　　　〔図表1〕わが国の年金のしくみ……………………………………37

(3) 共済年金（国家公務員共済組合法・地方公務員等共済組合法・
　　　私立学校教職員共済法）……………………………………………38
　4 国民年金基金・厚生年金基金…………………………………………38
　　(1) 国民年金基金………………………………………………………38
　　(2) 厚生年金基金………………………………………………………38
　5 その他の年金制度………………………………………………………39
　　(1) 確定拠出年金（企業型・個人型）………………………………39
　　(2) 確定給付企業年金…………………………………………………39
　　　〈資料1〉年金給付からみた区分 ……………………………………40
Ⅱ 国民年金の被保険者…………………………………………………………40
　1 第1号被保険者…………………………………………………………40
　　〔図表2〕44歳11ヵ月まで納付して、その後保険料を滞納した場合………41
　2 第2号被保険者…………………………………………………………41
　3 第3号被保険者…………………………………………………………41
　　　〈資料2〉被保険者の名称について ………………………………42
Ⅲ 年金の受給資格の条件………………………………………………………42
　1 保険料納付済期間………………………………………………………43
　2 保険料免除期間…………………………………………………………43
　3 合算対象期間（カラ期間）……………………………………………43
　　　〈資料3〉昭和61年4月年金大改正 …………………………………44
Ⅳ 年金の保険料の支払い………………………………………………………45
　1 国民年金の保険料………………………………………………………45
　　〔図表3〕平成25年度の年間支払額……………………………………45
　　〔図表4〕国民年金保険料の引上げの当初予定表（月額）……………46
　2 厚生年金保険料…………………………………………………………46
　　〔図表5〕厚生年金保険料率の引上げ予定……………………………47
　3 共済組合の保険料………………………………………………………47
Ⅴ 年金の保険料免除……………………………………………………………47

目 次

  1 免除の種類と方法··47
   〔図表6〕免除の種類···48
   〔図表7〕一部納付（一部免除）の世帯構成別の所得基準の目安 ········48
  2 未納と免除の違い··48
  3 育児休業期間中の厚生年金保険料の免除····························49
   〈資料4〉納付における特例 ···49
Ⅵ 年金の手続方法 ··50
  1 20歳になったときの手続··50
  2 各種の変更手続··50
   〔図表8〕国民年金の届出（女性の種別変更）··························50
Ⅶ 障害者になったとき、死亡したときの年金 ································51
   〔図表9〕年金の種類と制度 ··51
  1 障害年金··52
   〔図表10〕障害年金の支給イメージ ····································52
  (1) 障害基礎年金··52
  (2) 障害厚生（共済）年金··53
   (A) 障害厚生（共済）年金の支給額 ·······························53
   (B) 障害手当金（一時金）·······································53
  2 遺族年金··53
   〔図表11〕遺族年金の支給イメージ ····································54
  (1) 遺族基礎年金··54
   (A) 遺族基礎年金を受けられる遺族の範囲 ·······················54
   (B) 遺族基礎年金の支給額（平成24年度）·························54
   〔図表12〕遺族基礎年金の支給額（年額）······························54
   (C) 遺族基礎年金支給の具体例 ·································55
   〔図表13〕遺族基礎年金の支給イメージ ································55
  (2) 遺族厚生（共済）年金··55
   (A) 遺族厚生（共済）年金を受けられる遺族の範囲················55

　　　　(B)　支給順位 …………………………………………………56
　　　　(C)　遺族厚生（共済）年金の支給額 …………………………56
　　　　(D)　中高齢寡婦加算 ……………………………………………56
　　　　(E)　遺族厚生（共済）年金支給の具体例 ……………………56
　　　〔図表14〕遺族厚生（共済）年金の支給イメージ ………………57
　　(3)　その他の遺族給付……………………………………………………57
　　　　(A)　寡婦年金 ……………………………………………………57
　　　　(B)　死亡一時金 …………………………………………………57
　　　〔図表15〕死亡一時金の支給額 ……………………………………58
　　　〈資料5〉子のない妻の遺族厚生年金の有期年金化 ………………58
Ⅷ　老齢になって年金をもらう場合 ……………………………………………58
　1　加入期間………………………………………………………………………59
　　〔図表16〕モデルケースの年金加入期間 …………………………………59
　　(1)　厚生年金保険の加入期間……………………………………………59
　　(2)　国民年金の加入期間…………………………………………………59
　2　年金の受取額………………………………………………………………60
　　(1)　60歳から受け取る特別支給の老齢厚生年金（平成24年度）………60
　　〔図表17〕特別支給の老齢厚生年金の支給イメージ ……………………60
　　(2)　65歳からの老齢年金（老齢基礎年金と老齢厚生年金）……………61
　　〈資料6〉老齢基礎年金（国民年金）受取額の計算式 …………………62
　　(3)　老齢厚生年金…………………………………………………………62
　　〔図表18〕定額部分の支給開始年齢の引上げ（平成6年改正）…………63
　　〔図表19〕報酬比例部分の支給開始年齢の引上げ（平成12年改正）………63
Ⅸ　老齢年金の繰上げ受給、繰下げ受給 ………………………………………64
　1　繰上げ…………………………………………………………………………64
　　(1)　老齢基礎年金の繰上げ………………………………………………64
　　(2)　老齢厚生年金の繰上げ………………………………………………64
　　　　(A)　経過的な繰上げ支給 ………………………………………64

(B) 繰上げ支給の老齢厚生年金…………………………………65
　2　繰下げ……………………………………………………………65
　3　繰下げの注意点…………………………………………………66
　　〈資料7〉繰上げと繰下げの損得 ……………………………………67
Ⅹ　年金の請求手続……………………………………………………68
　1　老齢年金の裁定手続先…………………………………………68
　　〔図表20〕老齢年金の手続先 ………………………………………68
　2　老齢年金の請求に必要な書類…………………………………68
　　〔図表21〕年金請求に必要な書類 …………………………………69

第4章　Q&A　実践　合意分割

Ⅰ　合意分割制度総論…………………………………………………72
　Q1　離婚時年金分割とは…………………………………………72
　Q2　合意分割と3号分割…………………………………………74
　　〔図表22〕合意分割と3号分割の比較………………………………77
　Q3　離婚時年金分割制度は、女性に有利？……………………78
　Q4　離婚時年金分割と遺族厚生年金……………………………81
　　〔図表23〕妻が受け取る年金 ………………………………………82
　Q5　経済的自立……………………………………………………83
　Q6　年金を分割するという意味…………………………………85
　　〔図表24〕年金分割制度のイメージ ………………………………85
　Q7　按分割合の取り決め…………………………………………86
　Q8　家庭裁判所による手続の種類………………………………87
　Q9　入籍していない内縁関係の場合……………………………89
　Q10　分割の請求…………………………………………………91
　Q11　合意分割の相談など………………………………………94
　Q12　合意書面の作成手続………………………………………96
　　〔図表25〕公正証書作成の流れ ……………………………………97

目　次

　　Q13　不服の申立て……………………………………………………99
　　　　〔図表26〕審査請求の流れ………………………………………101
　II　合意分割ができる対象と期間 …………………………………102
　　Q14　国民年金（基礎部分）と合意分割 …………………………102
　　　　〔図表27〕夫婦ともに国民年金加入の場合 ……………………102
　　Q15　厚生年金と合意分割 …………………………………………103
　　　　〔図表28〕夫（厚生年金加入）、妻（専業主婦）の場合 ………103
　　　　〔図表29〕60歳代前半の報酬比例部分と定額部分の受給 ……104
　　Q16　厚生年金基金と合意分割 ……………………………………105
　　　　〔図表30〕厚生年金基金における分割対象 ……………………105
　　Q17　共済年金と合意分割 …………………………………………106
　　　　〔図表31〕共済年金の分割対象 …………………………………106
　　Q18　夫がサラリーマンで妻が専業主婦 …………………………107
　　　　〔図表32〕婚姻期間中の納付記録の分割 ………………………107
　　Q19　夫も妻も厚生年金加入中 ……………………………………108
　　　　〔図表33〕夫の標準報酬総額を分割し、妻に1,000万円を渡す場合 ……108
　　Q20　夫が主夫で妻が厚生年金加入 ………………………………109
　　　　〔図表34〕夫が専業主夫の場合 …………………………………109
　　Q21　夫がサラリーマンで受給資格がない妻 ……………………110
　　　　〔図表35〕妻が受給資格を得ていない場合 ……………………110
　　Q22　年金分割制度施行前の離婚 …………………………………111
　　　　〔図表36〕合意分割制度施行前後の扱い ………………………111
　　Q23　合意分割の対象になる期間 …………………………………112
　　　　〔図表37〕合意分割の対象になる期間 …………………………112
　III　合意分割の計算方法と金額 ……………………………………113
　　Q24　合意分割の標準報酬改定のしくみと計算方法 ……………113
　　　　〔図表38〕改定割合が３分の１（33.3％）の場合 ……………114
　　Q25　按分割合 ………………………………………………………116

9

目　次

　　〔図表39〕按分割合と範囲 …………………………………………117
　　〔図表40〕按分割合ができる範囲のイメージ ……………………117
　Q26　改定割合 …………………………………………………………119
　　〔図表41〕夫の標準報酬総額8000万円、妻2000万円、按分割合30%のケース …120
　Q27　分割される年金額の計算 ………………………………………122
　　〔図表42〕厚生年金の給付乗率と定額単価 ………………………124
　Q28　合意分割をした場合としない場合の年金額 …………………129
　　〔図表43〕合意分割のイメージ ……………………………………129
　　〔図表44〕合意分割をしない場合のイメージ ……………………133
　　〔図表45〕合意分割をした場合としない場合の年金額の比較 …134
　Q29　年金分割後の死亡 ………………………………………………135
　Q30　年金分割後の再婚 ………………………………………………136
Ⅳ　合意分割に影響を与える「離婚時みなし被保険者期間」とは …137
　Q31　分割された年金を受給できない場合 …………………………137
　　〔図表46〕離婚時みなし被保険者期間のイメージ ………………137
　　〔図表47〕離婚時みなし被保険者期間と受給資格期間 …………138
　　〔図表48〕離婚時みなし被保険者期間と老齢厚生年金の関係 …139
　　〔図表49〕離婚時みなし被保険者期間が算入される部分 ………139
　Q32　算入の対象にならない場合 ……………………………………140
　　〔図表50〕長期加入者の要件期間の例 ……………………………141
　　〔図表51〕被用者年金制度加入期間の特例（生年月日別）……142
　　〔図表52〕厚生年金保険の中高齢の特例（生年月日別）………142
　Q33　離婚時みなし被保険者期間と遺族厚生年金 …………………143
　　〔図表53〕離婚時みなし被保険者期間と遺族厚生年金の関係 …143
Ⅴ　合意分割の情報請求方法 ……………………………………………144
　Q34　合意分割の情報提供とは ………………………………………144
　Q35　有効期間 …………………………………………………………146
　Q36　情報提供の請求に必要な書類 …………………………………148

10

【書式1】年金分割のための情報提供請求書 ……………………150
　　Q37　情報提供される資料 ……………………………………154
　　　【書式2】年金分割のための情報通知書 ………………………155
　　　【書式3】被保険者記録照会回答票 ……………………………157
　　　【書式4】年金分割を行った場合の年金見込額のお知らせ ……159
　Ⅵ　合意分割と請求手続 ……………………………………………161
　　Q38　合意分割の請求と家庭裁判所への申立て ……………161
　　Q39　離婚請求と年金分割請求 ………………………………164
　　Q40　清算条項と年金分割請求 ………………………………167
　　Q41　按分割合についての家庭裁判所の判断 ………………169
　　Q42　按分割合の合意の解除・取消しなど …………………171

第5章　Q&A　実践　3号分割

　Ⅰ　3号分割（平成20年4月施行）の概要 …………………………174
　Ⅱ　3号分割 Q&A ……………………………………………………175
　　Q43　夫婦間の合意は必要？ …………………………………175
　　Q44　対象となる期間 …………………………………………176
　　Q45　請求の手続方法 …………………………………………177
　　Q46　合意による分割と3号分割の関係 ……………………178
　　Q47　他の年金との関係 ………………………………………179
　　Q48　障害年金受給時の分割 …………………………………180
　　　〔図表54〕障害厚生年金と年金分割の関係 …………………181
　　　〔図表55〕分割をした被扶養配偶者の障害厚生年金が減るケース ………182

第6章　離婚時年金分割のシミュレーション

　はじめに ……………………………………………………………184
　【ケース1】　会社に勤めたことがない専業主婦の鈴木さんの場合 ……186
　　1　年金加入記録の確認 ……………………………………186

11

〔図表56〕ケース1の年金加入状況 ……………………………………187
2　合意分割しない場合の支給開始時期・年金額の算出 …………187
(1)　夫（合意分割しない場合） ………………………………………187
(A)　支給開始時期 …………………………………………………187
(B)　支給額 …………………………………………………………187
(2)　妻（合意分割しない場合） ………………………………………188
(A)　支給開始時期 …………………………………………………188
(B)　支給額 …………………………………………………………188
(3)　夫婦の年金額のまとめ ……………………………………………189
〔図表57〕ケース1の年金額のイメージ ……………………………189
3　対象期間標準報酬総額の夫から妻への分割 ………………………189
〔図表58〕ケース1の年金分割のイメージ …………………………190
〔図表59〕ケース1の対象期間標準報酬総額（改定割合0.5で分割）……190
4　合意分割後の年金額の算出 …………………………………………191
(1)　夫（合意分割後） …………………………………………………191
(A)　支給開始時期 …………………………………………………191
(B)　支給額 …………………………………………………………191
(2)　妻（合意分割後） …………………………………………………192
(A)　支給開始時期 …………………………………………………192
(B)　支給額 …………………………………………………………192
(3)　夫婦の年金額のまとめ ……………………………………………193
〔図表60〕ケース1の年金額のイメージ ……………………………193
5　合意分割前と合意分割後の年金額の比較 …………………………194
〔図表61〕ケース1の合意分割前と分割後の比較 …………………194
6　このケースでの留意点（夫婦が気をつけること） ………………195
【ケース2】　会社に長期勤務経験がある専業主婦の山田さんの場合 ……196
1　年金加入記録の確認 …………………………………………………196
〔図表62〕ケース2の年金加入状況 ……………………………………197

2　合意分割しない場合の支給開始時期・年金額の算出 ……………197
(1)　夫（合意分割しない場合） ……………………………………197
(A)　支給開始時期 ………………………………………………197
(B)　支給額 …………………………………………………………197
(2)　妻（合意分割しない場合） ……………………………………198
(A)　支給開始時期 ………………………………………………198
(B)　支給額 …………………………………………………………198
(3)　夫婦の年金額のまとめ ……………………………………199
〔図表63〕ケース2の年金額のイメージ ……………………………199
3　対象期間標準報酬総額の夫から妻への分割 ……………………200
〔図表64〕ケース2における夫から妻への分割 ……………………200
〔図表65〕ケース2の対象期間標準報酬総額の分割のイメージ
（改定割合0.5で分割） ………………………………………201
4　合意分割後の年金額の算出 ……………………………………201
(1)　夫（合意分割後） ……………………………………………201
(A)　支給開始時期 ………………………………………………201
(B)　支給額 …………………………………………………………201
(2)　妻（合意分割後） ……………………………………………202
(A)　支給開始時期 ………………………………………………202
(B)　支給額 …………………………………………………………202
(3)　夫婦の年金額のまとめ ……………………………………203
〔図表66〕ケース2の年金額のイメージ ……………………………203
5　合意分割前と合意分割後の年金額の比較 ………………………204
〔図表67〕ケース2の合意分割前と分割後の比較 …………………204
6　このケースでの留意点（夫婦が気をつけること） ………………204
【ケース3】　結婚後、夫が自営業、妻が勤務を続けた佐藤さんの場合 …205
1　年金加入記録の確認 ……………………………………………205
〔図表68〕ケース3の年金加入状況 …………………………………206

2　合意分割しない場合の支給開始時期・年金額の算出 …………………206
　　(1)　夫（合意分割しない場合） ……………………………………………206
　　　(A)　支給開始時期 ………………………………………………………206
　　　(B)　支給額 ………………………………………………………………206
　　(2)　妻（合意分割しない場合） ……………………………………………207
　　　(A)　支給開始時期 ………………………………………………………207
　　　(B)　支給額 ………………………………………………………………207
　　(3)　夫婦の年金額のまとめ …………………………………………………208
　　　〔図表69〕ケース３の夫婦の年金額 ……………………………………209
　3　対象期間標準報酬総額の妻から夫への分割 ……………………………209
　　　〔図表70〕ケース３の対象期間標準報酬総額のイメージ ……………210
　　　〔図表71〕ケース３における妻から夫への対象期間標準報酬総額の分
　　　　　　　 割（改定割合0.4で分割） …………………………………211
　4　合意分割後の年金額の算出 ………………………………………………211
　　(1)　夫（合意分割後） ………………………………………………………211
　　　(A)　支給開始時期 ………………………………………………………211
　　　(B)　支給額 ………………………………………………………………211
　　(2)　妻（合意分割後） ………………………………………………………212
　　　(A)　支給開始時期 ………………………………………………………212
　　　(B)　支給額 ………………………………………………………………212
　　(3)　夫婦の年金額のまとめ …………………………………………………213
　　　〔図表72〕ケース３の合意分割後のイメージ …………………………213
　5　合意分割前と合意分割後の年金額の比較 ………………………………214
　　　〔図表73〕ケース３で合意分割をした場合としない場合の比較 ……214
　6　このケースでの留意点（夫婦が気をつけること） ……………………214
【ケース４】　共働き（厚生年金加入）してきた田中さんの場合 …………215
　1　年金加入記録の確認 ………………………………………………………215
　　　〔図表74〕ケース４の年金加入状況 ……………………………………216

2 合意分割しない場合の支給開始時期・年金額の算出 ……………216
(1) 夫（合意分割しない場合）……………………………………216
(A) 支給開始時期 ………………………………………………216
(B) 支給額 ………………………………………………………216
(2) 妻（合意分割しない場合）……………………………………218
(A) 支給開始時期 ………………………………………………218
(B) 支給額 ………………………………………………………218
(3) 夫婦の年金額のまとめ …………………………………………219
〔図表75〕ケース4の夫婦の年金額 ……………………………219
3 対象期間標準報酬総額の夫から妻への分割 ……………………220
〔図表76〕ケース4の対象期間標準報酬総額のイメージ ……220
〔図表77〕ケース4の対象期間標準報酬総額の分割
（改定割合0.1493506で分割）……………………221
4 合意分割後の年金額の算出 …………………………………………221
(1) 夫（合意分割後）…………………………………………………221
(A) 支給開始時期 ………………………………………………221
(B) 支給額 ………………………………………………………221
(2) 妻（合意分割後）…………………………………………………222
(A) 支給開始時期 ………………………………………………222
(B) 支給額 ………………………………………………………222
(3) 夫婦の年金額のまとめ …………………………………………223
〔図表78〕ケース4の合意分割後のイメージ …………………223
5 合意分割前と合意分割後の年金額の比較 ………………………224
〔図表79〕ケース4で合意分割をした場合としない場合の比較 …………224
6 このケースでの留意点（夫婦が気をつけること）……………224

〈資料1〉 家事審判申立書 ………………………………………………225
〈資料2〉 夫婦関係等調整調停申立書 …………………………………227

〈資料3〉 訴　状 …………………………………………………………229
事項索引 ……………………………………………………………………232
著者略歴 ……………………………………………………………………235

第1章

離婚時年金分割制度創設の背景と概要

第1章　離婚時年金分割制度創設の背景と概要

Ⅰ　二つの年金分割制度

　平成16年6月、国民年金法の一部を改正する法律（平成16年法律第104号）の成立により、離婚時年金分割制度が創設されました。当時、マスコミは大きく取り上げ、年金分割が施行されるまで離婚を控える現象があるなどと報道されていたように社会的な影響も大きかったといえます。

　この制度が画期的なものであることはいうまでもありません。本章では、この制度がどのような背景と経緯の下で成立に至ったのかを簡単に述べてみたいと思います。

　まず、今回成立した離婚時の年金分割制度には2種類あるということです。この2種類は同じく離婚時の年金分割制度でありながら、別個の背景と経緯を有します。法律も別個に制度趣旨を述べています。一つは、本書第4章で解説している制度で、本書では「合意分割」とよんでいるもの、ほかの解説書では「2号分割」とか「離婚分割」などとよんでいるものです。もう一つは、本書第5章で解説する「3号分割」とよんでいるものです。3号分割はどの本もおおむね「3号分割」とよんでいます。

　離婚時の年金分割制度は、夫婦いずれにも適用されるものですが、事実上は妻に関係が深く、ずっと女性の年金問題の一環として検討されてきました。厚生労働省に設置された「女性のライフスタイルの変化に対応した年金の在り方に関する検討会」（以下、「女性と年金検討会」といいます）は、平成13年12月に報告書を提出しました。そこでは女性と年金の検討課題を六つにまとめています。①標準的な年金（モデル年金）の考え方、②短時間労働者等に対する厚生年金の適用、③第3号被保険者（用語の意味については第3章Ⅱ参照）制度、④育児期間等に係る配慮措置、⑤離婚時の年金分割、⑥遺族年金制度、です（社会保険研究所「女性と年金――女性のライフスタイルの変化に対応した年金の在り方に関する検討会報告書」48頁。以下、「報告書」として引用）。そのうち、離婚時年金分割制度に関する部分は、③と⑤です。

⑤の離婚時の年金分割については「離婚件数、特に中高齢者等の比較的同居期間の長い夫婦における離婚件数が増加する一方、男女の間で年金受給権には大きな開きがある中で、高齢単身女性世帯の貧困問題等も生じている。こうした社会の実態を踏まえ、老後の生活保障という年金制度の趣旨に鑑み、夫婦二人の老後生活を支える年金が離婚してもなおそれぞれの生活を支えるものとなるよう、離婚時に夫婦の間で年金の分割が可能となるような仕組みを講じる方向で検討を続けることが適当である」と述べています。そして、分割の方法としては、「年金権そのものを分割する方法（我が国の制度においては、「保険料納付記録」分割と考えられる。）と、支給される年金額を分割する方法（我が国の制度においては、受給権者に帰属する年金債権の一部の譲渡と考えられる。）が考えられる」と指摘したうえで、「年金権そのものの分割の仕組みを基本とすることが適当ではないか」と提言しました。今回の改正は、ほぼこの提言に沿ったものということができます。

第3号被保険者制度については、熱のこもった議論がなされ、結局議論はまとまらず、6種の選択肢を示したうえで、「問題の大きさを踏まえつつ、国民各階層の間で、さらに踏み込んだ議論が行われ、国民的合意が形成されていく中で、適切な結論が見出され、改革が行われていくことを強く望む」とされました（報告書119頁）。3号分割制度はその一部実現と位置づけられるものです。

II 年金に関する従前の取扱い

1 離婚後の夫婦の年金に関する問題点

被用者年金（厚生年金・共済年金）は世帯単位で構成されていて、保険料を支払った被用者自身に対して支払われ、それによって配偶者も生活するというしくみです。配偶者自身には支払われません。したがって、離婚してしまうと、夫に支払われていた年金は夫のものですから、被用者年金をもらえ

なくなることになります。国民年金の老齢基礎年金は、昭和60年に世帯単位から個人単位となったことによって、離婚しても夫・妻各個人に支払われます。しかしその額は年額78万円程度以下であって、老後の生活に十分とはいえません。

　この問題には二つの法律的な問題が絡んでいます。第1は、日本の民法が夫婦別産制を採用しているということです。夫婦別産制というのは、財産法の原理に基づいて夫が取得した財産はあくまでも夫のものであって、婚姻による修正がなされない制度です。夫がA社に勤めて月給を30万円得ているとしましょう。この30万円は、財産法的には夫とA社との雇用契約に基づき、夫の労務の提供に対して支払われる報酬ですから夫のものです。夫が報酬を得るにあたっては妻が家事・育児をし、お弁当を作り、毎月のやりくりをするといった多くの貢献があっても、それは財産法的には何らの財産取得原因にはなりません。つまり賃金は分割されないのが夫婦別産制の建前です。次に、年金は社会保険の構成をとりますから、保険料を支払った対価として保険金受取人に支払われるという構造を有します。賃金は夫のものであり、保険料が夫から支払われているのですから、年金は原則として保険料納付者に支払われることになります。そして、受給権者の年金でその配偶者も生活することになります。ここに、第3号被保険者は、自分では国民年金の保険料を支払わないのに国民年金が給付されることをどのように考えるか、という大問題があります。

　今回上記の夫婦別産制の建前を崩さずに、離婚時の年金分割制度を創設することとされています。以下、説明を簡易にするため、夫が給与所得者、妻が主婦という想定で記述を進めていきます。

2　財産分与

　離婚時に財産を給付する制度として民法は財産分与を定めています。これは戦後の民法改正によって創設された制度です。それまでは妻は婚姻によって夫の家に入って夫に扶養され、離婚によって実家に戻って実家に扶養され

るという考え方でした。しかし、それだけでは妻の保護があまりにも薄いため、判例・学説はいわゆる離婚慰謝料（有責行為によって離婚のやむなきに至らしめたことによる慰謝料）を認めるようになりました。戦後、家制度の廃止とともに離婚時の給付制度を設ける必要があるとされて、財産分与が新たに認められました。

　財産分与の制度は夫婦財産制と深い関係があります。夫婦が婚姻以降協力して得た財産（贈与・相続による取得以外の取得）が共有になるという夫婦財産共有制（共同制）であれば、離婚するときに共有の財産を分割しなければなりません。財産分与は当然のこととなります。しかし、夫婦別産制をとるとそうはいきません。上述したとおり、夫が会社から得る賃金は夫のみのものです。そうすると給料を元手に購入した不動産等もすべて夫のものということになります。そしてこのまま離婚するならば、妻は（慰謝料を除いては）離婚により何一つ財産を得られずに、以後生活しなければなりません。妻の貢献は何らの評価もされずに終わってしまうのです。しかし、これではあまりにも不公平です。そこで、財産分与を認めて、妻の貢献を評価することとしたわけです。夫婦別産制の下では、分けようとする財産は（上記設例の下では）夫のものですから、妻に渡すには特別な合意または裁判が必要です。裁判は、妻に渡す分を裁判によって形成する性質を有することになります。

　財産分与にはもう一つの沿革があります。かつてキリスト教国では離婚が認められていませんでした。しかし、現実的には別れる夫婦はいるので、別居判決が認められるに至り、やがて離婚が認められるようになりました。そのとき、無一文で別れる妻のために、離婚後も妻に扶養料を支払い続けなければならないという離婚後扶養（アリモニー）制度が生まれたのです。婚姻の余後効として説明されます。しかし離婚の自由な日本では離婚後扶養という理論づけはできません。そこで、最近は、「補償」という概念で説明されるようになっています。つまり婚姻生活により所得能力の低下した妻に対する所得の補償という概念です。一時金で支払われることも定期金として支払われることもあります。離婚後扶養は清算的財産分与の補充としてなされる

といわれていますが、現実には財産分与の最後の拠りどころとして大きな意味をもっています。

　慰謝料には2種類あります。まず、夫または妻の個別の違法行為を原因とするいわゆる個別慰謝料です。たとえば、夫が暴力を振るったことによる慰謝料、これは離婚に関係なく認められます。もう一つが前に述べたいわゆる離婚慰謝料です。相手方の有責行為により離婚のやむなきに至ったことが慰謝料の原因ですから、離婚によって認められるものです。離婚時に求める慰謝料はほとんどの場合はこの離婚慰謝料です。慰謝料は、不法行為に基づく損害賠償請求権の性質を有しますので、慰謝料を訴訟で求めることができることは当然のことです。しかし、慰謝料を財産分与の一要素とすることも可能であるという取扱いで一致しています（最判昭46・7・23民集25巻5号805頁）。

3　財産分与における年金の取扱い

　社会の高齢化とともに熟年離婚が増加し、それにしたがって年金も分けてもらいたい、分けていいはずだ、という主張がなされるようになりました。つまり、夫は離婚後も従前とさほど異ならない額の年金を支給され続けるのに対し、妻は基礎年金のみになってしまう、これは不公平である。年金の原資は保険料であるところ、保険料は給料から支払っているのであるから、保険料には妻の貢献もあるはずである、というのです。保険料の支払いに妻の貢献があることは認められますから、その点では一理あります。ただ、年金の原資は保険料だけでなく使用者負担分もあり、また、分けようとする年金は、将来の支給であって、現に存在する夫婦の財産を分けるというものとは様子が異なります。そのうえ受給資格は個別的に判断されるわけで死亡や再婚、就職など多くの不確定要素があります。はたして財産分与の対象に含めてもいいものかどうか、いろいろな考え方が出てきました。

　まず、清算の対象とすべきという考え方があります。保険料納付に関する妻の貢献を評価するなら清算が可能であるということになります。公刊され

ている判例としては一つです(仙台地判平13・3・22判時1829号119頁。もっとも、高等裁判所で和解しています)。しかし、その不確定要素の大きさからすると、清算の対象財産の算出になかなか困難を伴うものであったことは否めません。

次に離婚後扶養の一要素として考慮するとの立場です。多くの判例は年金を離婚後扶養の一要素として勘案してきました(東京高判昭58・9・8判時1095号106頁、横浜地判平9・1・22判時1618号109頁、横浜地相模原支判平11・7・30判時1708号142頁等)。文字どおり離婚後扶養としてとらえるならば、年金が少なすぎて生活できない元妻に対して扶養しなくてはならない人道上の義務がある、という理由づけがあり得ます。また、補償という性質を有するとしても、婚姻によって保険料の支払いが夫によって行われたために、妻に被用者年金が支給されないのですから、その分は夫が補償しなければなりません。いずれにせよ、年金を離婚後扶養の要素として勘案するということは根拠のあることです。

しかし、それでも問題が解決するわけではありません。仮に夫の財産が年金しかない場合を想定するならば、支払われなければ、年金を差し押さえることができないので、もらえないままになる可能性もあるのです。やはり、問題を解決するには、立法によることが望ましいということになったのです。

III　合意分割制度

1　根　拠

合意分割は、基本的には民法の定める財産分与の考え方を採用しているといえます。夫婦別産制の建前では賃金分割ができないので、別れるときに、分割するということです。老齢厚生年金において、その金額の算定は平均標準報酬額を基にします(厚生年金保険法43条)。平均標準報酬額とは、ほぼ支給を受けた給与と賞与の(標準化され再評価率を乗じた)平均額ですから、そ

の額には妻の貢献が含まれていることになります。報酬の一定割合が保険料として納付されているのですから（同法81条）、保険料の納付にも妻の貢献があることになります。したがって、標準報酬額の一部は妻にその貢献に相当する分として分与することができるのです。清算する場合のネックになっていた不確定要素の多さは、年金算定の基となる標準報酬の改定という方法で解決しています。女性と年金検討会では「年金権の分割」とよんでいます。年金は将来の支給ですが、標準報酬額でしたら分与までに夫が稼いできた額として、年金額算定基礎となる保険料納付記録上ではありますが、現存するのです。ですから、分与の対象にすることができるといえます。そして、将来、各自が付け替えられた標準報酬額によって計算された年金を各自の年金として受け取るのです。どちらかが死亡しても影響を受けません。不払いの不安もありません。自己の年金として死亡まで支給を受けられます。

　ただ、「一切の事情」といっているように、財産分与の他の要素を否定する趣旨は見受けられません。そこで、場合によっては離婚後扶養や慰謝料の要素を加味することも可能であると解説されています（山下正通＝高原知明「国民年金法等の一部を改正する法律における厚生年金保険の標準報酬の改定の特例（離婚時年金分割制度）の創設及びこれに伴う人事訴訟法の一部改正の概要」家月57巻3号45頁）。

　しかし、後に述べるように、年金には老後の生活保障という重要な役目があるのであり、その機能を蔑ろ（ないがしろ）にするような分割は認められないという制約はあるということができます。

2　按分割合（分割の割合）

　按分する対象は、婚姻期間中の夫の標準報酬総額と妻の標準報酬総額を合算した額です。簡単にいえば夫婦で稼いだ総額です。その割合を決める基準は法文上「当事者の寄与の程度その他一切の事情」（厚生年金保険法78条の2第2項）となっていて、民法の財産分与の条文とほぼ同一です。しかし、その割合は最大限2分の1とされている（同法78条の3）のであって、この点

が民法の条文と異なります。今までの判例では、財産分与の割合が5割を超えるものも存在するのであって、財産分与と同一の考え方をとるのであれば、5割を超えてはいけないという根拠はありません。しかし、ここに年金の特殊性、すなわち老後の生活の最後の支えとしての年金という性質が民法の条文のとおりではないことを根拠づけるものといえます。受給権者の生活を危うくするような分割は認められないという考え方です。たとえば、年金以外に財産のない夫が浮気をして離婚するとき、慰謝料を払えないので、年金については標準報酬総額全額を妻に分割する、などという取決めは、夫の老後の生活を考慮すれば不適切といわざるを得ません。この点は、報告書でも「年金を分割した者の老後の生活保障を確保しつつ、一定の範囲内で年金分割を認めうるということではないか。例えば相手に年金すべてを譲渡するような分割や2分の1を超える割合での分割は認められないのではないか」と指摘されています（報告書155頁）。一方従前の判例では、2分の1としたものは少なく、4割前後というものが多いようです。これは扶養的要素として勘案していること、不確定要素の多さが影響しているものと思われますが、上記の条文は、清算的要素を中心に考慮することを要求していると解されますし、不確定要素を考慮する必要もなくなりますので2分の1にすることは十分可能となったといえます。そして、後に検討しますが、原則として2分の1を分割するという考え方は支持されるのではないかと考えます。

　特殊な場合として、夫婦共働きで、妻の収入が多く、家事育児財産管理一切を負担するなど、貢献が大きいときには、妻から夫に対する按分割合が少ないこともありうるでしょう。妻が第1号被保険者で財産が多くあり、夫には年金以外の収入がないという場合には夫から妻への按分割合が2分の1以下ということもありえます。夫は年金のみ確保して、妻にその他の財産を全部分与するということは、当事者の合意であれば可能でしょう。裁判となったときにこれが可能か、あるいは妥当かはなかなか困難な問題があります。年金は年金分割という財産分与とは別個の制度となっているので、それぞれ別個に判断すべきであるという考え方も当然出てくるわけです（高畠淳子

「年金分割——女性と年金をめぐる問題の一側面」ジュリ1282号74頁)。夫から妻に100%を分与することが認められていない、という立法者の態度からすると、離婚後の生活保障という見地から、別個に考慮することが原則であると考えます。つまり、分割割合はいろいろな要素を勘案することにはなりますが、年金が老後の生活保障であるということを念頭においた分割がなされるべきということになります。

3 分割の手続

　夫婦の協議により、分割ができないときは裁判によります。離婚とともに訴訟の付帯処分の申立てとして申し立てることもできますし、離婚後に審判の申立てをすることもできます。この点では財産分与と変わるところはありません。種類は、当事者間の合意、調停、裁判上の和解、認諾、判決、審判となります。離婚成立から、厚生労働大臣に対する改定請求までの期間は2年という制限があります。裁判が行われるときには裁判等成立後1カ月まで延長されますが、しかし、短期間ですので気をつけなければなりません。

4 分割の効果

　標準報酬総額を協議または裁判によって分割したら、どのような効果を生じるのでしょうか。この点が財産分与と最も異なる点だといってよいでしょう。財産分与は、妻に分与される財産を形成するのですから、協議が成立しあるいは裁判がなされれば、そこで定められたとおりに財産の移転が生じます。つまり権利が形成されます。しかし、年金の分割では、協議が成立しても、裁判がなされても、当事者から厚生労働大臣に対して標準報酬額の決定または改定の請求をし、それに応じて厚生労働大臣はその協議または裁判の結果定められたところに基づいて、標準報酬額の決定または改定をしなければなりません。その決定がなされたことによって、妻には年金受給権の要件のうち対象期間（原則として婚姻期間）中厚生年金の被保険者であって、その期間保険料を支払っていたという要件が満たされることになり、他の要件

も備われば年金を受給することができることになります。そうすると、協議または裁判によって形成されるものは厚生年金を受給できる可能性のある地位ということになり、それを形成するということになるではないでしょうか。二宮周平教授は「納付した保険料の分割請求であり、これに基づいて年金が上乗せされるのだから、財産的な権利の請求であり、協議、調停、審判、裁判による財産分与手続になじむ」とされています（立命館法学2003年6号242頁）。

Ⅳ　3号分割

1　概　要

厚生年金保険法78条の13は、「被扶養配偶者に対する年金たる保険給付に関しては、第3章に定めるもののほか、被扶養配偶者を有する被保険者が負担した保険料について、当該被扶養配偶者が共同して負担したものであるという基本的認識の下に、この章の定めるところによる」としています。3号分割は、被扶養配偶者が厚生労働大臣に対して請求した場合には、厚生労働大臣は、被扶養配偶者（第3号被保険者である妻）の標準報酬額を、夫の標準報酬の2分の1に自動的に付け替える制度です。協議や裁判を不要としていて、そこに何らの考慮余地を残しません。文言は「できる」とありますが、裁量の余地はないものという理解でしょう。平成20年4月以降に被扶養配偶者であった期間について適用されます。

2　制度趣旨

前述した女性と年金検討会でも、第3号被保険者制度について論じています。問題は、3号被保険者が保険料の負担なく国民年金を受給できることに対する不公平をどうするかという問題であり、6案まで示されました。また、社会保障審議会年金部会においても多くの議論が重ねられました。2003年11

月17日に発表された厚生労働省案は、まず、「就業形態の多様化等の状況を踏まえ、短時間労働者への厚生年金の適用拡大により、自ら負担しそれに応じた給付を受ける者を増やしていき、第3号被保険者を縮小していく」との方向性が示されたうえで、年金分割を今回改正で導入することが考えられる」としました。ここでいう「年金分割」とは、負担調整案、給付調整案と対立する概念であって、夫の支払った保険料を、夫と妻が支払ったものと擬制して、支払ったのだから夫婦各別に給することが可能であると解して、それぞれに年金を給付するという制度を意味します。女性と年金検討会ではⅠ案として示されています。その際は賃金分割を行い、賃金に応じて保険料を負担させるというものでした。「この仕組みでは、第2号被保険者が納付した保険料について、給付算定上夫婦が共同して負担したものとみなすこととして納付記録を分割し、この記録に基づき、夫婦それぞれに基礎年金と厚生年金の給付を行うこととなる」とするものです。具体的には「婚姻期間中の分割であり、世帯での給付額をできる限り維持するため、夫婦がともに65歳に到達した時点で年金の分割の効力を発生させることを基本とする。…／第3号被保険者であった者が離婚した場合には、この第3号被保険者制度における年金分割を基本として、離婚時に合意等がなされた場合には以下の離婚時分割の仕組みによる分割ができることとする」とされていました。ところが、「離婚時以外の年金分割に対しては、与党側から『家族の絆を揺るがしかねない』という強い反対論が出たため、結局、今回の3号分割制度になったという経緯がある」（山地憲夫「日本の年金制度改革の現状と課題」世界の労働54巻4号2頁）と説明されています。

　そうすると、この3号分割というのは、合意分割とは異なる制度であるといわざるを得ません。法文の「当該被扶養配偶者が共同して負担したものであるという基本的認識」とは、保険料を夫婦で負担したとみなす、という意味なのです。裁量の余地はありません。

　このような制度は、いわば年金制度のうえで夫婦財産に関する据置共同性を実現したとでもいうべきものであります。その評価は難しいのであって、

世帯単位から個人単位への前進との捉え方もあるでしょうし、民法との整合性という問題、そして負担なく受給する制度として批判のある第3号被保険者をいっそう保護する結果となっているという批判も多いところです（高畠・前掲81頁、永瀬伸子「年金と女性——第3号被保険者をめぐる問題を中心に」法時76巻11号59頁）。

ただ、協議離婚の多い現状に鑑み、生活保障を必要とする類型と思われる第3号被保険者については協議を要せずして強制的に2分割とすることによって、離婚時年金分割の実を挙げられるというプラスの面はあるかもしれません。しかし、共働きの夫婦は協議や裁判を要し、かつ2分の1が必ずしも保障されないのに、第3号被保険者である妻が仮にまったく協力義務を果たさない場合にも2分の1が分割されることになります。将来紛争が生じる可能性がないとはいえないところです。

V　合意分割と3号分割の関係

上記のように、合意分割と3号分割は異なる沿革をもった異なる制度であるといわざるを得ません。しかし、そうはいっても、両者はともに離婚時に年金が分割されるのですから、全く無関係ともいえません。考え方としても、保険料を夫婦で支払っているという点に共通性があります。制度の趣旨は異なるとはいえ、一方は当然に2分の1となるのですから、合意分割の事案はさまざまであって一律に決められないという面がありはしますが、基本的には、2分の1ルールが適用されるという限りでは、3号分割制度の存在が合意分割に影響を及ぼしうる、といえるのではないでしょうか。

合意分割と3号分割が含まれる離婚——たとえば第3号被保険者が平成24年4月1日に離婚する——の場合は、自動的に2分の1になる3号分割が先に適用されて妻に夫の標準報酬の2分の1の標準報酬が付け替えられ（標準報酬額が改定ないし決定され）、その結果計算される按分割合の範囲内で、合意分割（裁判による分割）がなされることになります。

VI　離婚時年金分割施行後の財産分与

1　手続

　合意分割制度は合意ができないときは裁判を求めることができます。人事訴訟法の離婚の訴えに附帯申立てすることもできますし、離婚後に家事事件手続法別表第2に掲げる事項についての審判として年金分割を求めることができます。このように、独立の申立てが可能になった以上、その申立てによって行うべきでしょう。財産分与の一要素として、あるいは財産分与対象財産として年金分割制度の対象となる年金部分を含めることは許されないものと考えます。

2　実体

　以上の点は実体にもいえることであり、財産分与が、他の財産の分与によって満足しうるとき、あるいは十分とはいえないとき、年金分割の割合を大きく変えることによってその部分を補うことが許されるでしょうか。年金以外の財産は原則として、清算という思想のみによって、まさに寄与の程度によって分けることが可能であって、そうすべきものです。しかし、年金は、双方の老後の保障という機能を有するので、基本的には2分の1ということになり、他の給付によって大きくその割合が変わるものではないという考え方をとりたいと思います。その結果として、財産分与のうち扶養的要素の占める割合が減少するという影響が生じる可能性があります。死亡するまで、人間いろいろなことが起こるのであって、いずれにしろ、年金が生活保障の役目を担うのですから、原則的には、他の財産の分与によって大きく2分の1と異なる分割ということは望ましくないと思われます。

（第1章担当・岡部喜代子）

第2章

離婚についての基礎的理解

Ⅰ　離婚を考えている人へ

1　離婚とは何か

　離婚は、結婚を解消することです。しかし、同時に、結婚している二人が、今後、別々の人生を歩みだす「人生の再スタート」でもあるのです。

　離婚するのがよいのか、離婚しないほうがよいのか。その答えが、簡単に出せることはありません。もし、あなたに小さいお子さんがいる場合、その答えはますます簡単に出てこないのです。

　どうして簡単に答えが出てこないのでしょうか。

　それは、離婚するのがよいのか、離婚しないほうがよいのかは、あなたと、そして、子どもさんを含めたあなたの周りの人が、今後、どのような人生を歩むことができるのか、その結果次第だからです。

　当然のことながら、誰にも将来のことはわかりません。したがって、悩むことが続いてしまうのです。

2　離婚を決める前に

　それでも、あなたは、離婚したい、そのように思っているのかもしれません。

　あなたは、自分の将来がどうなるかはわからない、しかし、将来がどうであれ、現在の状況からは抜け出したい、そのように思っているのでしょう。

　しかし、現在の状況から抜け出すには、離婚という手段しか残っていないのでしょうか。疑ってみる価値がありそうです。

　あなたは、パートナーやその周りの人たちとの人間関係が悪くなり、その関係が良くなることはないと考えておられるのではないでしょうか。しかし、人間関係は、良かったり、悪かったりすることの繰り返しです。人生、いろいろなことがありますが、人間関係もその影響などで変わっていくものです。

そのような中でよい人間関係を維持していくには、パートナーやその周りの人たちに協力を求めるだけでは足りません。あなた自身も変わっていかなければならないと思います。そして、もし、あなたが、自ら変わっていければ、あるいは、現在の状況を抜け出せるかもしれません。

このように話すと、あなたは、なぜ、自分だけが努力しなければならないのかと不満に思われることでしょう。

しかし、あなただけに努力を求めているのではありません。もちろん、パートナーも、また、あなたといっしょになって、これまで以上に努力していくべきなのです。

しかも、離婚すると、あなたは、これまでの生活・考え方をいやでも変えていかざるを得ないでしょう。すなわち、あなたは離婚しても、やはり、自らを変えていく努力をしていかなければなりません。自らを変えていく努力をすることは、あなたが離婚するか、離婚しないかにかかわりなく、あなたにとって必要なことになるのです。

3 離婚を決意してからの注意点

そして、もし、離婚するしか方法がないとしても、それを強引に押し進めてはなりません。あなたは、パートナーやその周囲の人たちの感情にも配慮して、ものごとを冷静に進めていく必要があります。

離婚は、あなたの人生の再スタートですが、あなたが人生の再スタートを切れば、当然のように、あなたのパートナーやその家族らも人生の再スタートを切らざるを得ません。

したがって、自分一人で納得していたのではいけないのです。あなたには、パートナーや家族らが、あなたと同時に人生の再スタートを切ることができるように、パートナーや家族らに対して協力していく責任があるのです。

これは、離婚を求める者としての最低限のマナーであり、やむを得ないことだといえるでしょう。

ですから、離婚を口にするときも、「このまま結婚を続けていくことは、

自分が耐えられない」などと、自分の思いを口にするにとどめて、あなたのパートナーやその周りの人たちの悪口を言うことがないように注意してください。離婚すると決めた以上、あなたは、パートナーときれいに別れることを考えるべきなのです。

　もし、あなたがそのような悪口を言ってしまったとすると、パートナーやその周りの人たちは感情的になり、離婚に向けて気持を整理することができなくなることでしょう。問題をかえってこじらせて、離婚することも難しくなってしまうのです。

4　子どもたちに対する配慮

　ところで、あなたたちご夫婦の間に子どもさんはおられますか。もし、子どもさんがおられるのであれば、離婚の話を進めるにあたって、子どもさんに対する配慮を欠かすことはできません。

　夫婦間のトラブルは、嫌でも、子どもさんを巻き込んでいきます。そのとき、多くの子どもさんは、お父さんとお母さんが仲直りをして、仲良く、暮らしていってほしいと願っていることでしょう。ところが、多くの場合、事態は、思ったように進んでいきません。そのうち、将来に対する不安も広がってしまうのです。このようなことから、子どもさんは、精神的に不安定となり、辛い毎日をすごしていきます。このような状態で、お父さんとお母さんが自分たちのことでけんかしていると知ったとすれば、子どもさんはどう思うでしょう。子どもさんは、きっと、精神的に強く動揺することになると思うのです。

　したがって、離婚するにせよ、離婚しないにせよ、あなたとパートナーは、子どもさんの気持に配慮して、子どもさんに安心してもらえるように働きかけなければなりません。しかし、それぞれが別々に働きかけても効果が上がりません。むしろ、夫婦二人が、子どもさんの前に座って、子どもさんに対し、「離婚するにせよ、離婚しないにせよ、あなたたちのことでけんかはしない。あなたたちのことでは、できる限り協力するし、実際にも協力してい

く。あなたたちは将来のことを心配しなくてもよい」などと説明するのがよいです。そして、これを忠実に実行するのです。

　要するに、夫婦は、離婚するか否かの協議中も、そして離婚が成立した後も、子どもへの悪い影響が出ないように、あるいは、何らかの影響が出たとしても、その影響を最小限に食い止めることができるように、お互いが協力し、努力していくことが肝要なことなのです。

　この点に関連して、平成23年に民法改正（平成23年法律第61号）がありました。改正後の民法は、「離婚をするときは、子の監護をすべき者、父又は母と子との面会及びその他の交流、子の監護に要する費用の分担その他の子の監護について必要な事項は、その協議で定める。この場合においては、子の利益を最も優先して考慮しなければならない」（民法766条１項）と定めています。すなわち、法は、離婚時に、子どもの面会交流や、子の監護に要する費用（養育費）について、協議し、定めておくようにと求めているのです。この規定も、形式的に協議がまとまっていればよいという性質のものではありません。子どもさんに対する上記の配慮を尽くしてから、初めて、離婚の話に進んでいってほしい、そのような趣旨のものとして理解してほしいのです。

II　協議離婚

1　離婚届の作成と届出

　このように考えてくると、離婚は、お互いが合意し、納得して行われるべきものなのです。結婚はお互いの合意に基づいて始まっているので、離婚も、お互いに合意し、納得したうえで行われるべきものなのです。

　しかし、お互いが離婚に合意して納得できたとしても、その時点で離婚が成立するわけではありません。わが国には「戸籍制度」があります。その関係で、結婚も離婚も、一定の形式を備えていなければ成立しないと考えられ

ているのです。

　そのため、離婚に合意し、納得することもできたときは、次の手続をする必要があります。

　①　市区町村の役場に出かけて、離婚届の用紙をもらう。
　②　離婚届の用紙に記入して（子どもがいるときは、必ず、親権者欄を記入する）、夫婦のそれぞれが署名、押印する。
　③　成年の証人（二人以上）を頼んで、夫婦のそれぞれから離婚意思を確認してもらい、証人らにそれぞれ署名、押印してもらう。
　④　そのうえで、離婚届を市役所等に提出して、受理してもらう。

　離婚は、これらの経過を経ることによって、初めて成立すると考えられており、これを「協議離婚」とよんでいます（民法763条以下、戸籍法76条）。

　協議離婚は、当事者の合意に基づくものなので、いわゆる離婚原因がなくても、離婚することができるのです。

　このように協議離婚の手続は比較的簡単なものです。実際、わが国の離婚の約9割はこの協議離婚の方式によっています。

2　離婚と離婚給付との関係

　離婚するときには、当事者間で、財産分与、年金分割請求および離婚慰謝料などのいわゆる「離婚給付」や、子どもの「養育費の分担」請求について何らかの合意が成立することが少なくありません。

　しかし、そのすべての内容があなたに有利なものとは限りません。たとえば、「離婚に関してお互いに債権債務がないことを確認する」と約束した場合、あなたは、現在受け取っているもの以外に何ももらうことができないことになります。

　したがって、合意するときは、事前にあなたが信頼している弁護士に相談するなどして、慎重に行っていただきたいと思います。そして、もし、納得できる内容に達したときは、ぜひとも、その合意内容を「契約書」（できれば、公証人が作成する公正証書）にまとめておいてほしいのです**（注1）**。

もっとも、離婚給付、養育費の分担請求は、離婚するまでに、必ず決めておかなければならないものではありません。離婚することを優先し、離婚給付、子どもの養育費の分担請求の問題などを棚上げにしておくこともできます。そして、離婚した後に、パートナーに対し、離婚給付、養育費の分担の請求をしていくのです。

　しかし、そのためには、パートナーに対し「離婚給付の請求をしない」と約束していてはなりません。もし、そのような約束をしていれば、あなたは離婚給付を請求することができないからです（**注2**）。

　なお、そのような約束をしなかったとしても、離婚給付の問題をいつまでも放置してはなりません。これらの権利もいわゆる「消滅時効」にかかる心配があるからです。すなわち、財産分与、年金分割請求（合意分割）については「離婚のときから2年」、離婚慰謝料については「離婚のときから3年」で、原則として消滅時効にかかります（民法768条2項、厚生年金保険法78条の2第1項ただし書、民法724条など）。

　したがって、これらの権利が消滅時効にかかるよりも前に、家庭裁判所に対して「家事調停」（財産分与、合意分割請求、離婚慰謝料請求）の申立てをする必要があるのです。当事者間で話合いが続いていても、その間、消滅時効期間が進行しないとはいいきれません（**注3**）。

　次に、あなたに養育費の分担請求をする意思があるのなら、離婚後、速やかに家事調停（養育費分担請求）を申し立てるべきです。

　なぜかというと、家庭裁判所は、相手方に対し、家事調停（養育費分担請求）の申立てがあった月以降の養育費について分担を命ずることが多く、その反対に、申立てがあった月よりも前にさかのぼって養育費の分担を命じている例は少ないからです。あなたが、家事調停（養育費分担請求）の申立てをするのが遅くなればなるほど、家庭裁判所が、相手方に対して養育費の分担を命ずる時期（開始の時期）も遅くなってしまうのです。

　（**注1**）　特に、年金分割請求に関する合意は、裁判所が作成する書類、公正証書、または公証人の認証した私署証書にしておくべきです（後掲Q＆A

　　　　　のIQ10参照)。
(注2)　「年金分割中のいわゆる3号分割請求をしない」、または「養育費の分担請求を放棄する」との約束は、法的に認められていません。もし、あなたがこれらの約束をしたとしても、離婚後に、「3号分割請求」をしたり、「養育費の分担」を請求することができます。
(注3)　なお、権利が時効で消滅するよりも前に家事調停を申し立て、家事調停の場で話合いを続けていたが、家事調停の係属中に時効期間が過ぎてしまったことも出てくると思います。このような場合には、家事調停の申立てを取り下げるのではなく、家事調停を成立させるか、あるいは、家庭裁判所に対して、家事調停事件を不成立にしてもらうように申し出てください。

　もし、家事調停の申立てが財産分与などの「別表第2に掲げる事項についての調停」(家事事件手続法244条参照)であれば、家事調停事件が不成立で終わっても、家庭裁判所の審判を受けることができます(同法272条1項・4項)。

　そして、家事調停の申立てが慰謝料や離婚後の紛争などの「一般調停」とよばれるものであったときは、あなたは、家庭裁判所から「家事調停が不成立で終了した」旨の通知を受けてから2週間以内に、地方裁判所(または簡易裁判所)に対し、離婚慰謝料を請求する民事訴訟を提起してください。そうすれば、慰謝料請求権が消滅時効にかかる心配はありません(家事事件手続法272条3項)。

3　財産分与・合意分割請求・離婚慰謝料の関係

　いわゆる「離婚給付」とよばれるものの中には、広い意味で、次の三つが含まれています。
① 「財産分与」の申立て(民法868条)
② 「年金分割」の請求(厚生年金保険法78条の2第3項、国家公務員共済組合法93条の5第3項、地方公務員等共済組合法105条3項、私立学校職員共済法25条)(注4)
③ 「離婚慰謝料」の請求(家事事件手続法244条、民法710条)
　ここでは、これらの内容とその関係について説明します。

(1) **財産分与**

　財産分与は、もともと、ⓐ婚姻中の財産関係について清算すること、さらに、ⓑその必要がある場合には、離婚後の扶養問題（人生の再スタートのための資金手当の必要性の問題を含む）を解決することを目的として、夫婦の一方から他方に対して一定の財産を分与（譲渡）する制度です。したがって、ここでは、夫婦のどちらに責任があるのかは問題となりません。衡平の見地から判断して、あなたとパートナーとの間の経済的なバランスを図っていくための制度です。

　たとえば、婚姻中に貯めていた預貯金がすべてパートナーの名義になっていた、または、離婚後にそれぞれが受け取る年金額に大きな差があるといった場合は、あなたとパートナーとの間の経済的なバランスに欠けることが多いでしょう。そして、家庭裁判所では、このことを、財産分与の方法、額などを定める際の一つの事情として考えているのです。

　ところが、裁判実務で「財産分与」というときは、これらの経済的な問題に限られません。裁判所で財産分与というときは、以下のような問題を含んでいます。

① 婚姻中の財産関係についての清算を問題にするもの
② 離婚後における扶養を問題にするもの
③ 離婚慰謝料請求の当否に関する判断を踏まえて、財産分与の方法、額について問題にするもの（ただし、財産分与の申立人は、財産分与の申立ての中に離婚慰謝料を請求する趣旨を含んでいる旨明らかにしなければならない。最二判昭46・7・23民集25巻5号805頁参照）**（注5）**
④ これらの①ないし③を組み合わせたもの

以上が含まれていて、いずれの場合も財産分与とよんでいるのです。

　そして、このような取扱いは、あなたに対し、離婚慰謝料の請求を含めた趣旨で財産分与の申立てをするのか、財産分与の問題と離婚慰謝料の請求を切り離して問題にするのかの選択権を与えていることにほかなりません。あなたにとって有利な取扱いといえるのです**（注6）**。

もっとも、離婚後2年が経過しておらず（離婚後2年を経過すると財産分与の権利が消滅時効で消滅する）、パートナーに対して謝罪広告を求める意思がなければ、あなたは、離婚慰謝料の請求を含むことを明らかにしたうえで、財産分与の申立て（家事事件手続法244条、別表第2・4項）をすれば足ります。

　もし、あなたが、そのような趣旨の財産分与の申立てをすれば、家事調停で話がまとまらない場合、家庭裁判所が、「審判」（家庭裁判所の「決定」の一種）の形で、慰謝料請求についての判断もすることになります（家事事件手続法272条1項・4項）。すなわち、家事調停で話がまとまらない場合も、地方裁判所（または簡易裁判所）に対して民事訴訟（離婚慰謝料請求）を提起する必要はありません。その分、あなたの負担は軽くなっているのです。

(2)　年金分割請求と財産分与の関係

　次に、年金分割請求と財産分与の関係が問題です。

　今回、離婚時の年金分割制度ができたことで、年金のいわゆる2階部分について年金分割の請求ができるようになりました。すなわち、これまで、財産分与事件の中で取り上げられ、財産分与の方法、額を決める際の一つの事情であった年金受給権の不平等の問題は、原則として、財産分与の議論から外れることになったのです。

　もっとも、年金分割請求の対象は、年金のいわゆる2階部分（〔図表1〕（37頁）参照）とよばれている部分と共済年金の職域加算部分とに限られています。それ以外のいわゆる3階部分（たとえば、厚生年金基金のうち代行部分を除いた部分、確定給付企業年金、適格退職年金など）は「年金分割請求」の対象とはなりません。

　したがって、あなたが、年金のいわゆる2階部分について問題にしたいというのであれば年金分割の請求をすれば足りますが、いわゆる3階部分について問題にしたいというときは、これまでと同様に、財産分与の申立てを行って、その中で、一つの事情として取り上げていくべきです。

　（注4）　家庭裁判所は、従前から、パートナーに対して厚生年金、共済年金などが支給されることを考慮して、離婚給付の方法や金額を決めてきまし

た。ところが、厚生年金、共済年金などは、法律上、差押えが禁止されています（厚生年金保険法41条、国家公務員共済組合法49条、地方公務員等共済組合法51条など）。したがって、パートナーに別の財産があればそれを差し押さえることで問題がないのですが、そのような財産がないと、パートナーに対して強制執行をすることができず、せっかく、家庭裁判所が離婚給付を命じても、事実上、絵に描いた餅になってしまうことがあったのです。

しかし、今回、婚姻中の年金の分割請求制度ができたことで、厚生年金、共済年金などのいわゆる2階部分が、あなたに対して直接支払われるシステムがつくられました。したがって、問題は、この範囲で解消されることになったのです。

（注5） ただし、このように、財産分与制度の中に損害賠償の当否の問題をもち込むことに対しては、財産分与制度の中に異質なものをもち込むことになるとして、反対する意見も少なくありません。

（注6） 財産分与の申立てを使えば、金銭以外の財産の分与を求めることができますが、謝罪広告を求めることはできません。これに対し、民事訴訟で慰謝料請求を求める場合には、金銭請求ないし謝罪広告を求めることができます。しかし、金銭以外の財産を分与してほしいとは求めることができません。すなわち、裁判実務は、財産分与を申し立てたり、離婚慰謝料を請求する人に対して選択権を与えて、その保護を厚くしているのです。

III 調停離婚と審判離婚

1 家事調停（夫婦関係調整）事件の申立て

(1) 立会人を交えた話合い

離婚をするにあたって、夫婦の間で話し合った際、次のような場合が出てくることがあるかと思います。

① 離婚するか否かで意見が一致しなかった。
② 離婚は合意したが、子どもの親権者について意見が一致しなかった。

③　離婚は合意したが、財産分与、年金分割請求、慰謝料などのいわゆる離婚給付あるいは養育費の分担請求問題で合意できず、しかも、離婚の問題だけを切り離して解決することの意見も一致しなかった。

　しかし、このような場合でも、何らかの工夫をして、話合いを続けていくことに努めていくべきです。たとえば、お互いが信頼している第三者に立ち会ってもらって、話合いを続けることはどうでしょうか。第三者が加わると、話合いの雰囲気が違ってきます。そして何よりも、お互いが冷静に話し合うことができ、公平な場がつくられていくのです。

　もっとも、立会人となる第三者には、ファシリテーター（仲立ち人）などと呼ばれている話合いの専門家にお願いするのがよいでしょう。ご両親や親族らにお願いする人もありますが、それでは冷静な話合いができず、かえってこじれてしまうことが少なくないのです。

(2)　立会人がみつからない場合

　適当な立会人がみつからない場合、あるいは、立会人を交えて話し合ったが合意できないときは、どうすればよいのでしょうか。

　その場合には、あなたは、パートナーと合意した家庭裁判所か、パートナーの住所地を管轄している家庭裁判所に対して、「家事調停」（夫婦関係調整）の申立てをすることになります（**注7**）。

　家事調停の申立ては、弁護士に頼まなくても、直接に家庭裁判所に行って、簡単に申立てをすることができます（申立料は1,200円）。家庭裁判所は、事件の受付に関する「手続案内」もしていますから、詳しいことは、近くの家庭裁判所に問い合わせてください（電話案内もある）。

> **（注7）**　家事調停事件は、原則として、相手方の住所地を管轄する家庭裁判所が担当します（家事事件手続法245条1項）。家事調停は、基本的に話合いによる解決を目指しているものなので、あなたからパートナーの住まいの近くの家庭裁判所に出向き、話合いを求めることが自然なのです。

2　家事調停とは何か

　家事調停（夫婦関係調整）は、基本的に話合いの場です。

　したがって、あなたが家事調停の申立てをしたからといって、家庭裁判所が、すぐに、あなたの離婚請求を認めたり、パートナーに対して離婚するように勧告したりすることはありません。

　家事調停（夫婦関係調整）の申立てがあると、家庭裁判所は、法律家1名と民間出身の家事調停委員2名以上、合計3名以上のチーム（これを「家事調停委員会」といいます）を編成します。そして、そのうえで、家事調停の申立てがあったときから約1カ月後の日時（これを「調停期日」という）を決めて、その日時にあなたたちを呼び出して、詳しい事情を聴いていきます。そして、ある程度の事情がわかると、家事調停委員会は、今度は、あなたたちの間に入って、二人の話合いが円滑に進むように、直接・間接に、援助していくのです。

　このような過程を経ることについて、あなたは、「また、話合いですか。無駄ですよ」と思われるかもしれません。しかし、家事調停事件で話がまとまらず、不成立で終わっている事件は、全国平均で20件に約3件の割合だけです。すなわち、家事調停事件の多くは、家事調停の制度を利用することで、何らかの形で解決しているのです。家事調停で話し合うことが無駄であるとはいえません。

　それでは、あなたが家事調停の申立てをしないで、いきなり「離婚訴訟」（民法770条1項、人事訴訟法2条1号）に訴えたとしたら、どうなるのでしょうか。

　その場合、家庭裁判所は、原則として審理に入ることがありません。あなたが訴えた離婚訴訟事件を、家庭裁判所の家事調停に付すことになります（家事事件手続法257条2項）。これを「調停前置主義」とよんでいます（同法257条1項）。すなわち、あなたがどんなに早く離婚したいと望んでいても、いきなり離婚訴訟に訴えることは難しいのです。

3　調停離婚とは

　家事調停を進めていった場合、調停期日において、「この場で離婚する」旨の合意が成立することがあります。

　これを「調停離婚」とよんでいます（家事事件手続法268条1項）。調停離婚も、当事者の合意を基礎としており、したがって、いわゆる離婚原因がなくても、離婚することに支障がありません。

　調停離婚の合意は、裁判所の「調書」（事件記録の一つ）という形で記録されます。そして、かかる合意には「確定した判決と同じ効力」が与えられていますので（家事事件手続法268条1項）、調停離婚が成立したときは、調停成立と同時に離婚が成立すると考えられているのです（**注8**）。

　これに対し、協議離婚は、離婚届が受理されることにより離婚が成立するものと考えられています。したがって、調停離婚と協議離婚とでは、離婚が成立する時期、方式が異なっています（調停離婚でも離婚届を出すが、それは役場に離婚したことを事後報告するものであり、当事者の一方が、調停調書の謄本等を添付し、離婚届を提出すれば足りる）。

　そして、調停離婚が成立するときには、離婚給付の問題、養育費の分担請求の問題などについても合意することが普通です（**注9**）。この合意内容も、調書に記載されて、「確定した判決又は審判と同じ効力」が与えられます（同法268条1項）。したがって、もし、相手方が、家事調停で約束した離婚給付を守らないときは、家庭裁判所に連絡して、相手方に「履行勧告」することを求めたり（同法289条7項・1項）、地方裁判所に対し「強制執行」を申し立てることもできるのです（民事執行法22条7号。ただし、合意内容によって強制執行ができないこともある）。これらの点も協議離婚と比べて大きく異なる点です。

　なお、パートナーの同意を得て、調停離婚の成立だけを先行させ、離婚給付の問題を後まわしにすることもできます。しかし、そのようなときは、協議離婚の場合と同じく、後日、当事者間で離婚給付の問題について話合いを

するか、または、家庭裁判所に対して離婚給付に関する家事調停を申し立てるのか、何らかのアクションを起こさなければなりません。

ちなみに、離婚のうちの約9割は協議離婚ですが、残りの1割のうちの約9割、すなわち離婚のうちの約9％は、ここで説明した調停離婚の形で離婚が成立しています。

なお、家事調停手続では、調停離婚のほかに、審判（家庭裁判所がする「決定」の一種。家事事件手続法284条）の形で離婚が成立することもあります（これを「審判離婚」といいます）。しかし、そのような例は稀なので、ここでは説明を省略したいと思います。

（注8）　なお、離婚の日を遅らせたい、戸籍に家事調停によって離婚したと記載されたくないなど、さまざまの理由から、調停期日において「協議離婚する」旨の合意が成立することもあります。この場合は、調停期日に離婚が成立するわけではありません。協議離婚届が作成され、後日、それが届け出られて、受理されることにより、初めて「協議離婚」が成立するのです。

（注9）　離婚時年金分割制度ができた関係で、今後は、「離婚給付」の中に、「離婚時年金分割に関する合意」が含まれることがあります。しかし、それは家事調停（夫婦関係調整事件）の中で成立した合意の一つですから、このような合意ができたとしても、夫婦関係調整事件とは別に「合意分割請求」の家事調停を申し立てる必要はありません。

IV　裁判離婚と和解離婚

1　離婚訴訟の提起と裁判離婚

家事調停（夫婦関係調整）で話し合っても合意できないときは、どうすればよいのでしょうか。そのような場合は、家庭裁判所に対して離婚訴訟（人事訴訟法2条1号）を起こすしかありません。

離婚訴訟を起こすときには、離婚を請求するだけではなく、未成年者である子どもがいれば、必ず、「親権者の指定」をするように求めなければなら

ないと定められています。言い換えると、法律は、両親が、子どものことを決めないまま、離婚だけを先行して決めることは適当なことでないと考えているのです（民法766条）。

　もっとも、離婚を請求することに加えて求められるのは、親権者の指定の問題だけではありません。もし、あなたが希望するならば、①子の監護に関する処分（たとえば、監護者の決定、面会交流、養育費など）のこと、②財産分与のこと、③年金分割請求（合意分割）のことなど、いわゆる「附帯処分」とよばれているものについて申し立てることができます（人事訴訟法32条）。

　そして、このような離婚訴訟は、弁護士に頼まずに、あなた自身の手で起こすことができます（これを「本人訴訟」とよぶ）。しかし実際には、弁護士が選ばれて、弁護士が訴訟代理人として離婚訴訟を提起していることが多いでしょう。弁護士費用のことを心配される人もいるかと思いますが、弁護士費用を立て替えたり、免除したりする制度もつくられていますので、一度、相談してみてはいかがでしょうか（**注10**）。

　そして、家庭裁判所で審理がされ、「あなたとパートナーとを離婚する」との判決が言い渡されて、確定したときは、判決が確定した時点で離婚が成立します。これを「裁判離婚」とよんでいます（人事訴訟法2条・24条）。なお、現在は、離婚全体の約1％が、この裁判離婚の形式によっています。

(**注10**)　弁護士費用の立替制度に関しては、各地に設置されている「法テラス」（日本司法支援センター（本部）・電話0570-078374）にお問い合わせください。

2　離婚原因

(1)　五つの原因

　しかし、離婚訴訟を提起したからといって、すべての事件で、離婚が認められるとはいえません。離婚訴訟は、パートナーが離婚に反対しているにもかかわらず、パートナーに離婚を強制しようとするものです。

したがって、離婚判決が、パートナーの意思を無視して、離婚を強制していくことである以上、それにふさわしい理由（離婚原因）が必要となってくるのです。

　もっとも、何を離婚原因と考えるのかという点は、国、地域、宗教、民族、時代などによって、大きく異なってきます。仮に、離婚原因の規定自体は変わっていなくても、社会状況、国民の意識の変化などによって、離婚原因の解釈にも変化がみられることがあるのです。したがって、離婚原因の有無の判断自体、微妙なものがあるといえましょう。

　ところで、現在の離婚に関する規定は、戦後の民法改正によってつくられました。その離婚原因（民法770条1項）は、次のとおりです。

①　パートナーに不貞行為があったとき
②　パートナーから悪意で遺棄されたとき
③　パートナーの生死が3年以上明らかでないとき
④　パートナーが強度の精神病にかかり、回復の見込みがないとき
⑤　その他、婚姻を継続し難い重大な事由があるとき

の五つであって、しかも、この五つに限定されています（**注11**）。

　このうち、「③配偶者の生死が3年以上明らかでないとき」「④配偶者が強度の精神病にかかり、回復の見込みがないとき」の二つは、いずれもパートナーに責任がない場合です。そして、「⑤その他、婚姻を継続し難い重大な事由」という中にも、パートナーに責任がない場合が含まれていると考えることができると思います。

　したがって、「自分は悪くない」ことを強調してみても、離婚原因がないとは言い切れません。もし、本当に、離婚したくないのならば、「自分は悪くない」ことを強調するのではなく、「今後も、結婚生活を続けていきたいと願っており、続けていくことがみんなの幸福につながる」ということを、ていねいに説明し、熱心に訴えていくことが必要になるのです。

　そうでなければ、議論が噛み合わないまま、手続が進んでいって、裁判所から離婚が命じられてしまうことも出てくることでしょう。

(2) 請求が棄却されるケース

なお、離婚請求が、上記①ないし④の離婚原因を備えていても、必ず、離婚判決が出るわけではありません。上記①ないし④の離婚原因が認定されたとしても、裁判所が、婚姻を継続することが相当であると判断すれば、離婚請求は棄却されることがあるのです（民法770条2項）。

また、あなたが、上記の離婚原因をつくっていたとすると、配偶者に対して一方的に離婚を求めていくことも、原則としては許されないことでしょう（最大判昭62・9・2民集41巻6号1423頁）。そのような離婚請求は、それ自体、信義に反し（民法1条2項）、認めがたいものだからです。

(注11) 詳しい説明については、橋本昇二＝三谷忠之『実務　家族法講義〔第2版〕』（民事法研究会）95頁以下を参照。

3　和解離婚・認諾離婚

(1) 和解離婚

あなたが家庭裁判所に対して離婚訴訟（人事訴訟）を起こしたとしても、家庭裁判所が、すぐに離婚を認めてくれることはありません。現在の裁判実務のやり方からすると、多くの場合は、裁判官から、双方の当事者に対して、和解によって解決することについての打診（これを「和解勧告」とよぶ）があると思われます。

前に述べたとおり、離婚は、お互いが同意し、納得して行われるべきものだと考えられています。そして、そのことは、離婚訴訟の段階であったとしても変わりがありません。ましてや、今後、離婚訴訟を進めていけば、おそらくは、お互いの悪口の言い合いになり、泥仕合になってしまいます。

そして、そのようなことは、お互いの不幸です。お互いに傷つくだけであり、得るものは何もありません。あなたたちは、これ以上、不幸になる必要はないと思うのです。

しかも、そのような泥仕合をすれば、二人の間で、今後、子どものことで協力していこうとする気持や基盤（信頼感）というものが失われてしまうこ

とになるでしょう。

　その結果、現在でも、悲しみ、悩んでいる子どもは、いったいどうなっていくのでしょう。すなわち、あなたたちは、泥仕合の結果、「離婚のつけ」を子どもにまわしてしまうことになるのです。

　このように考えると、裁判官から和解勧告があったときには、直ちにこれに応じ、当事者間の和解による解決に向けて、真摯に努力していくことが大切なことになるでしょう。

　そして、和解期日が重ねられ、その結果、「本日、この場で離婚する」旨の合意が成立することも珍しいことではありません。実際、判決によって離婚している人数よりも、和解によって離婚した人数のほうが多いのです。これを「和解離婚」とよんでいます（人事訴訟法37条）。

　和解離婚には「確定した判決と同一の効力」があるので（同法37条1項、民事訴訟法267条）、和解が成立するのと同時に離婚も成立することになります（この点の取扱いは、調停離婚と同じ考え方となる）。そして、和解離婚も当事者の合意に基づく離婚ですから、いわゆる離婚原因がなくても、離婚することに支障はありません。

　なお、和解期日において「協議離婚することに合意する」、「調停離婚することに合意する」との合意が成立することもあります。しかし、これらの合意は、それぞれの手続、形式を踏んで、初めて、協議離婚、調停離婚として離婚が成立することになっています。和解期日において、かかる合意をしても、これを和解離婚とよぶわけではありません。

　また、和解離婚が成立したときは、それと同時に、財産分与、年金分割請求などの離婚給付、あるいは養育費の分担請求などの問題について合意することが一般的です。

　そして、このような合意にも確定した判決と同一の効力がありますから（人事訴訟法37条1項、民事訴訟法267条）、あなたは、相手方がその約束を守らなければ、地方裁判所に対し強制執行の申立てをすることができるのです（民事執行法22条1号）。

もっとも、和解離婚は、前に述べた審判離婚でも、調停離婚でもありません。したがって、家庭裁判所に対して履行勧告を求めることはできません（家事事件手続法289条1項・7項）。

(2) 認諾離婚

　最後に、離婚訴訟の係属中、相手方から、あなたの離婚請求について「認諾」すると言ってくる場合があります。認諾とは難しい言葉ですが「あなたの離婚請求を全面的に受け入れます」という意味です。そして、これによって、離婚が成立することになっています（人事訴訟法37条。これを「認諾離婚」とよぶ）。

　もっとも、認諾離婚の例はほとんどありませんので、ここでは説明を省略します。

（第2章担当・上原裕之）

第3章

年金についての基礎的理解

I　公的年金の種類

1　はじめに

　国民年金や厚生年金は政府が保険者となり、国民を被保険者として実施している年金です。このように、国が法律にもとづき管理運営を行っている年金を公的年金といいます。

　公的年金は社会保険制度として実施されており、保険の方式をもって老齢、障害、死亡の保険事故について保険給付が行われます。社会保険は強制加入となっており、一定の条件に該当する人は、本人の意思とは関係なく、必ず加入することになります。

2　公的年金のしくみ

　公的年金（国民年金・厚生年金・共済年金）を含め、わが国の年金のしくみは〔図表1〕のようになっており、国民年金は基礎年金として、すべての国民が加入する年金となっています。

3　国民年金・厚生年金・各種共済年金

(1)　国民年金（国民年金法）

「日本国内に住所を有する20歳以上60歳未満の人」は、すべて国民年金の被保険者となります。被保険者となる要件は、日本国内に居住しているという要件のみで、国籍に関係なく、日本に居住する外国人も国民年金の被保険者となります。

(2)　厚生年金（厚生年金保険法）

　厚生年金は法律で定める一定の事業所（以下、「適用事業所」という）に勤める労働者を被保険者とする年金制度です。厚生年金に加入している人は、国民年金の第2号被保険者となっており、年金支給のときは一部の支給理由

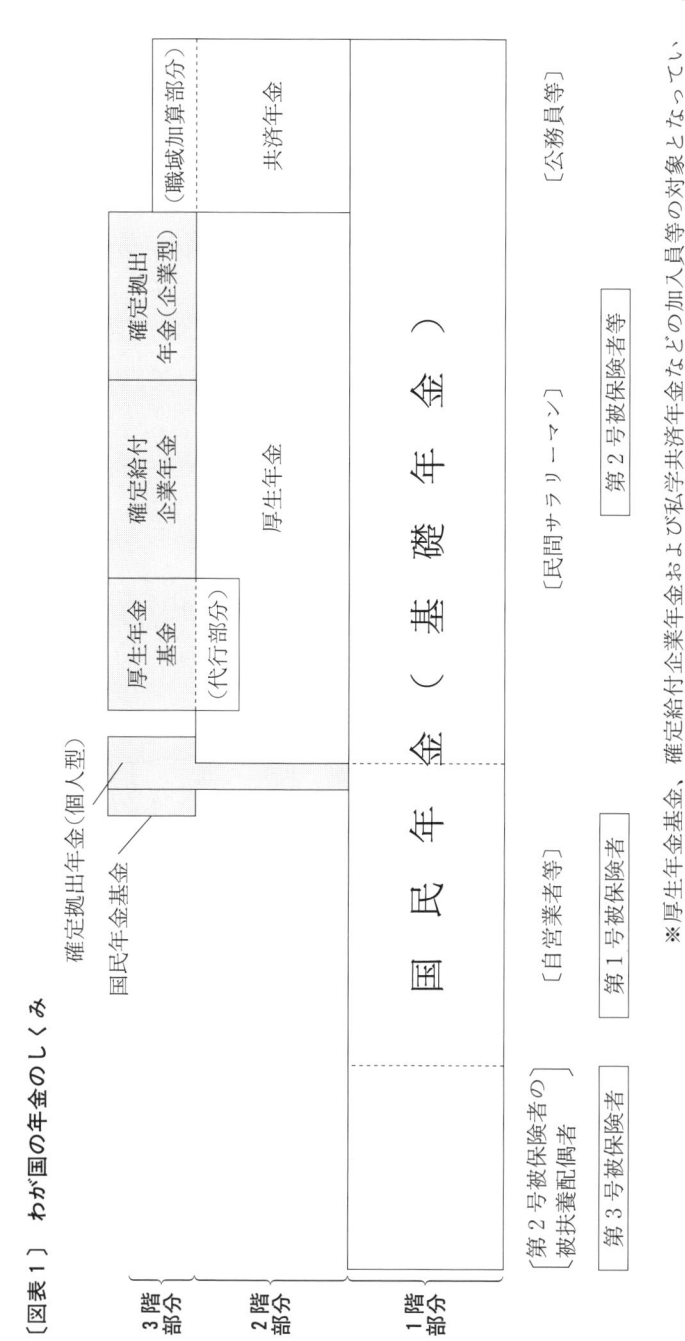

Ⅰ 公的年金の種類

[図表1] わが国の年金のしくみ

階層	自営業者等 [第1号被保険者]	民間サラリーマン [第2号被保険者等]	公務員等 [第2号被保険者]	第2号被保険者の被扶養配偶者 [第3号被保険者]
3階部分	確定拠出年金(個人型) 国民年金基金	厚生年金基金(代行部分) / 確定給付企業年金 / 確定拠出年金(企業型)	共済年金（職域加算部分）	
2階部分		厚生年金		
1階部分	国 民 年 金 （ 基 礎 年 金 ）			

※厚生年金基金、確定給付企業年金および私学共済年金などの加入員等の対象となっていない場合は、確定拠出年金（個人型）にも加入できる。
※国民年金基金の加入員は、確定拠出年金（個人型）にも加入できる。
※第2号被保険者等は、被用者年金被保険者のことをいう（第2号被保険者のほか、65歳以上で老齢または退職を支給事由とする年金給付の受給権を有する者を含む）。
※厚生年金基金については、財政難の基金も多くあることから、一部の財政状態が良好な基金を除き、解散する方向で検討がされている。

37

を除いて、国民年金と厚生年金の両方から給付を受けます。

(3) 共済年金（国家公務員共済組合法・地方公務員等共済組合法・私立学校教職員共済法）

国家公務員、地方公務員、私立学校の教職員については、それぞれ共済組合によって、厚生年金と同様の年金給付を行っています。共済年金は厚生年金基金に相当する職域相当分（職域加算）があり、厚生年金よりも手厚い給付を受けることができます。

共済年金に加入している人は、厚生年金と同様に国民年金の第2号被保険者となり、年金支給のときは一部の支給理由を除き、国民年金と共済年金の両方から給付を受けます。

なお、厚生年金と共済年金をあわせて「被用者年金」といいます。

4 国民年金基金・厚生年金基金

国民年金や厚生年金に上乗せする年金として、国民年金基金および厚生年金基金があります。

(1) 国民年金基金

国民年金基金は国民年金法の規定に基づく年金で、政府が保険者となって運営している年金制度で、平成3年4月に設立されました。

国民年金にしか加入できない自営業者などの第1号被保険者は、厚生年金・共済年金の加入者よりも給付が少なくなることから、年金額を増加させたい第1号被保険者が加入しています。

(2) 厚生年金基金

厚生年金基金は、厚生年金の適用事業所が集まって、あるいは単独で、そこに働く従業員の年金を増加させる目的で設立されています。

厚生年金基金は昭和41年に創設され、厚生年金法に基づき国が実施主体の厚生年金の一部について代行し、また、独自の上乗せ給付を行っています。厚生年金基金の代行制度では、老齢厚生年金給付のうち、事前積立が可能な部分（報酬比例部分の一部）の掛金徴収、積立、給付を行います。

厚生年金基金については、多くの基金が代行返上をおこなって解散しており基金の数は減少してきています。また、運用成績が悪く、積立金不足となっている基金もあるため、一部の財政状態が良好な基金を除き、解散する方向で検討がされています。

5　その他の年金制度

公的年金や基金による年金以外に、次のような年金があります。

(1)　確定拠出年金（企業型・個人型）

確定拠出年金法に基づき、平成13年10月から実施された確定拠出型の年金制度です。掛金があらかじめ定められていて、かつ加入者が自らの判断で資産運用を行います。事業主が実施主体となって企業型年金規約の承認をうけ、事業主と加入者が掛金を拠出する「企業型」と、国民年金基金連合会が実施主体となり、加入者のみが掛金を拠出する「個人型」の2種類があります。

将来、受け取る年金額が決まっている確定給付型と異なり、加入者にとっては運用実績によって年金額が変わります。将来受け取る年金額が定まらないため、老後の生活設計が立てにくい面もありますが、運用次第では多くの年金給付を受けることができます。

アメリカでは、401（K）といわれる確定拠出型年金が普及しており、上記の確定拠出年金は日本版401（K）ともよばれています。

(2)　確定給付企業年金

確定給付企業年金法に基づき、平成14年4月から実施されている確定給付型の企業年金制度です。

企業が独立した法人格をもつ基金を設立し、基金が年金資産を管理・運用して年金を給付する「基金型企業年金」と、労使が合意した年金規約に基づいて事業主が年金制度を運営する「規約型企業年金」の2種類があります。

年金資産の積立基準・管理・運営の責任が明確になっており、年金資産の積立や財務状況などの情報開示も義務づけられています。

〈資料1〉 年金給付からみた区分

- 確定年金　契約するときに定めた期間について、年金が支払われるものです。年金の受取期間中に被保険者が死亡しても、遺族が残りの期間の年金を受け取ることができます。
- 終身年金　年金の支払いの開始から被保険者が死亡するまで、年金が支払われます。老齢基礎年金・老齢厚生年金・退職共済年金などは、終身年金による給付となっています。
- 有期年金　契約するときに定めた期間の中で、被保険者が生存している期間は年金が支払われ、死亡すると年金給付が止まります。夫が死亡したときに、妻が30歳未満で、かつ子どもがいない場合、遺族厚生年金の支払いは5年間の有期年金となります。

II　国民年金の被保険者

20歳以上60歳未満の日本国民が全員加入する国民年金は、被保険者の職業によって3つの種類に区分し、保険料の支払方法も被保険者の区分により決まっています。

1　第1号被保険者

20歳以上60歳未満の人で、厚生年金や共済年金に加入していない人、および厚生年金や共済年金の加入者に扶養されていない人は、第1号被保険者となります。第1号被保険者となる職業は、床屋・八百屋などの自営業者、弁護士・医師などの自由業、国会議員・地方議員、農業従事者、フリーターなどの人が該当し、学生や無職であっても20歳〜60歳の間は、第1号被保険者となります。

第1号被保険者に該当する人は、月額15,040円（平成25年度）を自分で納めることが必要です。国民年金保険料を納めなかった期間は未納扱いとなり、

その期間分の老齢基礎年金が減額されるだけでなく、受給資格期間を算定する期間にも含められないので、25年の受給資格期間を満たすことができず、年金がもらえなくなることがあります。〔図表2〕のような場合、保険料納付済期間が25年に満たないため、65歳からの老齢基礎年金を受給する資格がありません。

〔図表2〕　44歳11カ月まで納付して、その後保険料を滞納した場合

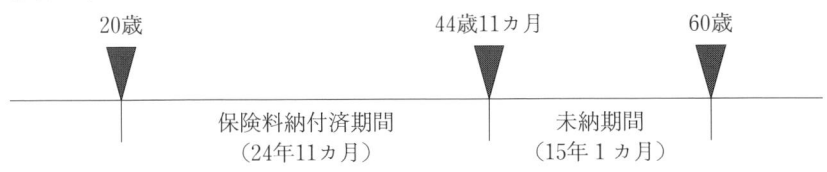

```
    20歳                          44歳11カ月              60歳
     ▼                                ▼                    ▼
     |────────────────|─────────────|
         保険料納付済期間              未納期間
          （24年11カ月）            （15年1カ月）
```

2　第2号被保険者

　厚生年金保険の被保険者、国家公務員共済組合・地方公務員共済組合の組合員、および日本私立学校振興・共済事業団年金の加入者は、国民年金の第2号被保険者に区分されます。厚生年金保険の適用事業所に勤める労働者、国家公務員、地方公務員、私立学校に勤務する教職員がこれに該当します。

　国民年金の保険料は、月例給与や賞与から控除されて、日本年金機構や各共済組合に納められた金額の中から、国民年金に基礎年金拠出金として一括拠出されます。したがって、第1号被保険者のように、国民年金保険料が未納となるような問題は発生しません。

3　第3号被保険者

　第2号被保険者の被扶養配偶者で、20歳以上60歳未満の人が第3号被保険者となります。第3号被保険者となるのは、専業主婦の女性がほとんどですが、収入が少なく妻の被扶養配偶者となっている男性も、第3号被保険者となります。第3号被保険者となるには、配偶者（第2号被保険者）の勤務先に届出をする必要があります。

　なお、配偶者でも被扶養配偶者でない場合（たとえば自営業としての年間収

入が130万円以上ある場合）は、第3号被保険者ではなく、第1号被保険者となります。

　国民年金の保険料は、配偶者の加入している厚生年金や共済組合から基礎年金拠出金として一括拠出されますので、第2号被保険者と同様に、国民年金保険料が未納となるような問題は発生しません。

〈資料2〉　被保険者の名称について

> 　第1号・第2号・第3号の名称は、国民年金法7条1項で規定されている号数からきている名称です。
> 第7条　次の各号のいずれかに該当する者は、国民年金の被保険者とする。
> 一　日本国内に住所を有する20歳以上60歳未満の者であつて次号及び第三号のいずれにも該当しないもの（被用者年金各法に基づく老齢又は退職を支給事由とする年金たる給付その他の老齢又は退職を支給事由とする給付であつて政令で定めるもの（以下「被用者年金各法に基づく老齢給付等」という。）を受けることができる者を除く。以下「第1号被保険者」という。）
> 二　被用者年金各法の被保険者、組合員又は加入者（以下「第2号被保険者」という。）
> 三　第2号被保険者の配偶者であつて主として第2号被保険者の収入により生計を維持するもの（第2号被保険者である者を除く。以下「被扶養配偶者」という。）のうち20歳以上60歳未満のもの（以下「第3号被保険者」という。）

III　年金の受給資格の条件

　年金の受給資格があるかどうかを判定するために、以下のような期間を合計します。これらの期間の合計が、25年（300ヵ月）以上であれば国民年金の受給資格があるということになります。

1　保険料納付済期間

国民年金の保険料を満額支払っているとされる期間で、この期間の老齢基礎年金は減額されません。
① 第1号被保険者として、国民年金保険料を納付した期間
② 第2号被保険者期間のうち20歳以上60歳未満の期間
③ 第3号被保険者の期間

2　保険料免除期間

国民年金保険料納付を免除されている、あるいは免除申請をして、保険料の一部を減額してもらう期間で、この期間の老齢基礎年金は、免除されている保険料の割合によって減額されます。
① 全額免除期間（法定免除）
② 免除の申請・承認を受けて一定割合の保険料を納付した期間（申請免除）

3　合算対象期間（カラ期間）

年金の受給資格の判定するときはその期間を含め、実際に年金額を計算するときはその期間を含めないという取扱いをする期間です。
① 学生納付特例、若年者納付猶予の期間で保険料を追納しなかった期間
② 第2号被保険者期間のうち20歳未満60歳以上の期間
③ 厚生年金などの脱退手当金を受けた期間のうち、昭和36年4月以後の期間
④ 被用者年金制度の配偶者で昭和36年4月～昭和61年3月の間、国民年金に任意加入しなかった期間
⑤ 昭和36年4月以後の海外居住期間のうち、20歳以上60歳未満の期間で、国民年金に任意加入をしなかった期間
⑥ 平成3年3月までの学生であった期間のうち、20歳以上60歳未満の期間で、国民年金に任意加入をしなかった期間

▶具体的な受給資格期間の計算例

　昭和25年10月に生まれた女性で、高校を卒業して繊維工場に昭和43年4月に入社し、昭和50年9月に会社員と結婚を機に退職して、再度、平成3年4月から厚生年金適用事業所で正社員として働いている。

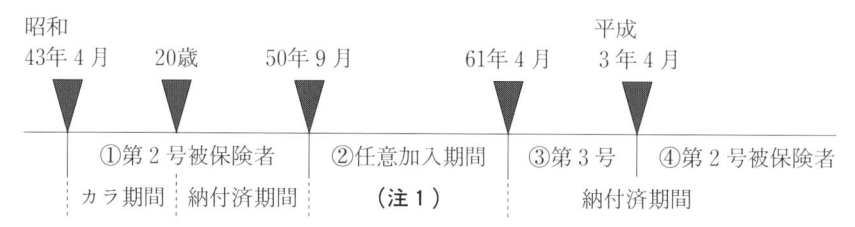

昭和43年4月	20歳	50年9月	61年4月	平成3年4月	
①第2号被保険者		②任意加入期間	③第3号	④第2号被保険者
カラ期間	納付済期間	（注1）	納付済期間	

（注1）　国民年金に加入していた場合は「納付済期間」となり、加入していなかった場合は「カラ期間」となる。

① 18歳で繊維工場に入社したときに、国民年金の第2号被保険者となるが、20歳未満の期間はカラ期間となり、20歳以降は納付済期間となります。

② 会社員と結婚しているので、上記（**注1**）の取扱いとなります。仮に自営業者と結婚していた場合は、国民年金に強制加入となり、保険料を納めていない期間は未納期間となります。

③ 昭和61年4月に年金制度が改正され、現在の制度となりました。したがって、昭和61年4月からは第2号被保険者の被扶養配偶者は、第3号被保険者となりました。

④ 厚生年金保険の被保険者となり、あわせて、国民年金の第2号被保険者となります。

〈資料3〉　昭和61年4月年金大改正

> 　昭和61年4月までは、国民年金・厚生年金・各共済組合は独自に受給資格を決め、給付を行っていました。事例のように国民年金や厚生年金の制度をまたがる人は年金通算通則法により受給資格を満たせば、各制度から給付を受けるしくみとなっていました。現在でも厚生年金などに25年未満加入でも受給資格が得られる期間短縮特例が残っているのは、昭和61年4月までの制度の名残です。

Ⅳ　年金の保険料の支払い

1　国民年金の保険料

　国民年金の保険料は、第 2 号・第 3 号被保険者の場合は、自分で払込みをしなくても、会社が月例給与・賞与から控除して支払っています。

　第 1 号被保険者の場合は、自分で払込みをしなければなりませんが、最近では、コンビニエンスストア・インターネットを使って振込手続ができるようになっています。国民年金の保険料は月額15,040円（平成25年度）となっており、口座振替を利用したり、前納をしたりすると保険料が割引になります。

〔図表 3 〕　平成25年度の年間支払額

支払方法	現金納付	口座振替
月払い	180,480円	180,480円
6 カ月前納	179,020円	178,420円
1 年前納	177,280円	176,700円

※国民年金保険料の割引額が大きい 2 年前納制度（口座振替）が、平成26年 4 月から導入されます。

　平成17年度から、国民年金の保険料は、毎年280円ずつ引上げが行われ、平成29年度に16,900円で固定されることになっています。なお平成29年度の引上額は240円の予定です。この16,900円は平成16年度の水準で、物価上昇や下落などがあれば、保険料改定率によって引上げや引下げが行われ、毎年度の保険料×保険料改定率で算出されます。平成25年度の保険料改定率は、0.951（平成24年度0.964）ですので、15,820円×0.951＝15,040円となります。

〔図表4〕 国民年金保険料の引上げの当初予定表（月額）

年　度	予定保険料	保険料改定率を乗じた実質保険料
平成16年度	13,300円	13,300円
平成17年度	13,580円	13,580円
平成18年度	13,860円	13,860円
平成19年度	14,140円	14,100円
平成20年度	14,420円	14,410円
平成21年度	14,700円	14,660円
平成22年度	14,980円	15,100円
平成23年度	15,260円	15,020円
平成24年度	15,540円	14,980円
平成25年度	15,820円	15,040円
平成26年度	16,100円	
平成27年度	16,380円	
平成28年度	16,660円	
平成29年度	16,900円	

※　平成29年度は240円の引上げ予定。

2　厚生年金保険料

　厚生年金保険料も同時に平成16年10月から引上げが行われており、毎年0.354％ずつ引上げを行い、平成29年9月以降は18.30％で固定することになっています。厚生年金保険料は、労使折半が原則ですので、月例給与や賞与から実際に控除される率は、毎年0.177％ずつ増加します。

〔図表 5〕 厚生年金保険料率の引上げ予定

引上げ開始年月	保険料率	引上げ開始年月	保険料率
平成16年9月まで	13.580%	平成23年9月～	16.412%
平成16年10月～	13.934%	平成24年9月～	16.766%
平成17年9月～	14.288%	平成25年9月～	17.120%
平成18年9月～	14.642%	平成26年9月～	17.474%
平成19年9月～	14.996%	平成27年9月～	17.828%
平成20年9月～	15.350%	平成28年9月～	18.182%
平成21年9月～	15.704%	平成29年9月～	18.300%
平成22年9月～	16.058%		

※(1) 平成16年10月から平成17年8月までの適用期間は11ヵ月間で平成17年9月以降は1年ごとに引上げになる。
(2) 平成29年9月の引上げ幅は0.118%になる。

3　共済組合の保険料

現在、国家公務員共済と地方公務員共済の保険料率を同一にするために、平成16年度から国家公務員共済は0.129%、地方公務員共済は0.354%ずつ引き上げられ、平成21年度にその作業が完了しました。

平成22年度以降も、引き続き厚生年金と同じく毎年、定率（0.854%）を引上げしています。また、最終的には厚生年金と各共済組合年金を統合して、一つの制度になるように検討が行われています。

V　年金の保険料免除

1　免除の種類と方法

経済的な理由などで国民年金保険料を納付することが困難な場合、申請により保険料の免除を受けることができます。免除申請は、住民登録をしている市区町村役場の国民年金担当窓口で行います。保険料が免除されると、免

47

除された割合によって、老齢基礎年金の受取額に反映されます。また、免除を受けてから10年間は、免除を受けた保険料を追納することができ、それを支払うことで、満額の老齢基礎年金を受けることもできます。

なお、免除を受けている期間は年金の受給資格を得る期間に含まれます。

〔図表6〕 免除の種類

区分	年金への反映割合	納付保険料	所得計算（前年所得）
全額免除	4/8	—	（扶養親族等の数＋1）×35万円＋22万円
3/4免除	5/8	3,760円	78万円＋扶養親族等控除額＋社会保険料控除額等
半額免除	6/8	7,520円	118万円＋扶養親族等控除額＋社会保険料控除額等
1/4免除	7/8	11,280円	158万円＋扶養親族等控除額＋社会保険料控除額等

〔図表7〕 一部納付（一部免除）の世帯構成別の所得基準の目安

世帯構成	全額免除	一部納付		
		1/4納付	1/2納付	3/4納付
4人世帯（夫婦・子ども二人）	162万円	230万円	282万円	335万円
2人世帯（夫婦のみ）	92万円	142万円	195万円	247万円
単身世帯	57万円	93万円	141万円	189万円

2　未納と免除の違い

保険料免除を申請しないで、国民年金保険料を納めないことを未納といいます。未納の場合は、老齢基礎年金の受取額への反映は全くなく、年金の受給資格を得る期間にも含まれません。後から保険料を支払う追納は2年前までさかのぼって可能ですが、平成23年8月に公布された年金確保支援法により、平成24年10月1日からの3年間に限って、過去10年にさかのぼって保険料を納付することができるようになりました。

また、障害年金・遺族年金が受給できる事由に該当しても、年金を受けら

れない場合があるので、注意が必要です。

3　育児休業期間中の厚生年金保険料の免除

　子どもが満3歳に達するまでの育児休業期間中は、厚生年金保険の保険料免除を受けることができます。免除を受けるには、会社から社会保険事務所に「育児休業保険料免除申出書」を提出してもらいます。提出すると被保険者負担分および会社負担分の両方の保険料が免除されます。

　また、3歳未満の子どもを養育するために、勤務時間の短縮などによって、標準報酬月額が低下した場合は、会社を通じて社会保険事務所へ届出を行えば、子が生まれる前の標準報酬月額のままであったとみなされ、保険料が増えることなく、将来の年金受取額が低下しないようになります。

〈資料4〉　納付における特例

　特例は保険料免除制度と違い、保険料の支払いを猶予するもので、年金確保支援法に関係なく、保険料の追納期間は10年間となっています。また、保険料は払っていなくても、障害年金・遺族年金を受給できる事由に該当した場合、年金を受けることができます。

1　学生納付特例制度

　本人の所得が一定以下の学生が対象で、家族の所得は問われません。なお、学生とは、大学院・大学・短期大学・高等学校・高等専門学校・専修学校などに在学し、夜間・定時制課程や通信課程の人も含まれます。

2　若年者納付猶予制度

　所得が少ない20歳代の人が、申請により保険料の納付が猶予され、保険料を後払いできる制度です。申請者本人と配偶者の所得で判断されます。

Ⅵ 年金の手続方法

1 20歳になったときの手続

　20歳の誕生月の上旬までに、年金事務所から国民年金資格取得届が送付されるので、居住する市区町村の国民年金担当窓口で加入の届出を行います。

　20歳前から、会社に就職してすでに厚生年金に加入している人は、会社に勤めた時から第2号被保険者になっているので、届出は不要です。

　なお、20歳前からすでに被用者年金加入者の被扶養配偶者の場合、配偶者の事業所から届出をして第3号被保険者になります。

2 各種の変更手続

　その後、会社に勤めたり、会社を退職したり、結婚して名前が変わったときなどは、変更手続をする必要があります。変更手続は変更後の被保険者の種別により、届出を行う場所が異なります。

　変更後の被保険者の種別が第1号被保険者の場合、手続は市区町村の国民年金担当窓口で行います。各種の届出は、事由が発生してから14日以内に行うことになっています。

　会社に勤めていて、厚生年金保険の被保険者の場合は、速やかに勤務先に届出を行うことで、国民年金の手続も完了します。また、第3号被保険者になった場合の届出は、第2号被保険者（配偶者）の勤務する事業所を通じて、勤務先を管轄する年金事務所に届出をします。

〔図表8〕　国民年金の届出（女性の種別変更）

種別変更例	夫の職業	変更前の種別	変更後の種別	届出先
結婚して専業主婦になった	会社員	1号	3号	夫の勤務先
		2号	3号	夫の勤務先
	自営業	1号	1号	──
		2号	1号	市区町村

未成年の妻が20歳になり、成人となった	会社員	無資格者	3号	夫の勤務先
	自営業	無資格者	1号	市区町村
公務員の夫が退職して民間の会社に勤務した	会社員	3号	3号	夫の勤務先
会社員の妻で専業主婦だったが、夫が退職した	──	3号	1号	市区町村
会社員の妻で専業主婦だったが、夫と離婚した	──	3号	1号	市区町村
会社員の妻で専業主婦だったが、正社員として勤務した	──	3号	2号	勤務先
会社員として勤めていたが、専業主婦になった	会社員	2号	3号	夫の勤務先
	自営業	2号	1号	市区町村
新しい会社に転職した	──	2号	2号	勤務先
会社を辞めて次の勤務先を探している	会社員	2号	3号	夫の勤務先
	自営業	2号	1号	市区町村

Ⅶ 障害者になったとき、死亡したときの年金

　国民年金、厚生年金、各共済組合の年金給付は、老齢になったときに給付がされるもののほかに、障害者になったとき、死亡したときに給付される年金があります。それらの年金を〔図表9〕にまとめています。老齢年金については、本章Ⅷで説明するので、ここでは「障害年金」と「遺族年金」を説明します。

〔図表9〕　年金の種類と制度

年金の種類	支給条件	年　金　制　度		
		国民年金	厚生年金	共済年金
老齢年金〔老齢になったとき〕	60歳～64歳	──	特別支給の老齢厚生年金	特別支給の退職共済年金
	65歳～	老齢基礎年金	老齢厚生年金	退職共済年金
障害年金〔障害を負ったとき〕	日常生活困難（1・2級の障害）	障害基礎年金	障害厚生年金	障害共済年金
	労働困難（3級障害）	──	障害厚生年金	障害共済年金

	3級にならない	—	障害手当金	障害手当金(※)
遺族年金〔死亡したとき〕	子のある妻または子	遺族基礎年金	遺族厚生年金	遺族共済年金
	子のない妻、夫父母、孫など	寡婦年金または死亡一時金	遺族厚生年金	遺族共済年金

※公務によらない傷病により退職した場合

1　障害年金

　国民年金・厚生年金・各共済年金の被保険者が障害を負ったときに支給されます。障害の程度が1級・2級に該当したときは、国民年金から被保険者の種類に関係なく、障害基礎年金が支給されます。そして、障害の残った人が第2号被保険者の場合は、障害厚生年金・障害共済年金が障害基礎年金にプラスして支給されます。障害の程度が3級の場合は、障害基礎年金は支給されず、障害厚生年金・障害共済年金だけが支給されます。

　なお、障害の程度が3級にまでならない軽度の場合には、障害手当金（一時金）が厚生年金または各共済年金から支給されます。

〔図表10〕　障害年金の支給イメージ

障害厚生年金または障害共済年金
障害基礎年金（国民年金）

(1)　**障害基礎年金**

以下の要件をすべて満たした場合に支給されます。

① 　国民年金の被保険者期間中、または被保険者の資格を失った後でも、60歳以上65歳未満で日本国内に居住している間に初診日のある病気やケガで障害の状態になったこと

② 　障害認定日に1級または2級の障害の状態であること

③ 　国民年金の保険料納付済期間と保険料免除期間との合計が保険料を支払うべき期間の3分の2以上であるか、または、初診日の属する月の

前々月までの1年間の国民年金保険料を納付しなければいけない期間に滞納がないこと

障害基礎年金の支給額は、次のとおりです。（平成25年度）

　1級……年額983,100円

　2級……年額786,500円

なお、子どもがいる場合は、18歳到達年度末まで、子どもは一人につき年額226,300円、3人目以降は一人につき年額75,400円の加算があります。

(2) 障害厚生（共済）年金

障害基礎年金の支給要件を満たし、かつ、厚生年金・各共済組合の被保険者（国民年金の第2号被保険者）のときに初診日のある病気やケガで障害になったときに、障害厚生（共済）年金が支給されます。

(A) 障害厚生（共済）年金の支給額

　1級……老齢年金の報酬比例年金額×1.25

　2級……老齢年金の報酬比例年金額

　3級……老齢年金の報酬比例年金額（最低保証589,900円）

1級または2級の場合で、65歳未満の配偶者がいるときは、加給年金（年額226,300円）が支給されます。

(B) 障害手当金（一時金）

老齢年金の報酬比例年金額×2.0（最低保証1,150,200円）

2　遺族年金

国民年金・厚生年金・各共済年金の被保険者が死亡したときに支給されるのが遺族年金で、年金支給イメージは障害年金と同じように2階建てです。

しかし、障害年金は被保険者の種類と障害等級によって、支給される年金額が決まるのに対し、遺族年金は死亡した人の被保険者の種別と受け取れる遺族によって支給される年金額が決まります。

〔図表11〕 遺族年金の支給イメージ

| 遺族厚生年金または遺族共済年金 |
| 遺族基礎年金（国民年金） |

(1) 遺族基礎年金

以下のいずれかに該当した場合に支給されます。

① 国民年金の被保険者期間中である。
② 被保険者の資格を失った後でも60歳以上65歳未満で日本国内に居住している。
③ 老齢基礎年金を受給している。
④ 老齢基礎年金を受けられる資格期間を満たしている。

なお、①・②に該当する場合は、国民年金の保険料納付済期間が支払うべき期間の3分の2以上あること、または、初診日の属する月の前々月までの1年間の国民年金保険料を納付しなければいけない期間に滞納がないことを満たしていなければなりません。

(A) 遺族基礎年金を受けられる遺族の範囲

① 18歳到達年度の末日までの子、または20歳未満の1級・2級の障害の子と生計を同じくしていた妻（子あり妻）
② 18歳到達年度の末日までの子、または20歳未満の1級・2級の障害の子（子ども）

(B) 遺族基礎年金の支給額（平成24年度）

遺族基礎年金は、〔図表12〕の額のとおり支給されます。子の加算は、2人目までは一人につき年額226,300円、3人目以降は一人につき、年額75,400円が加算されます。

〔図表12〕 遺族基礎年金の支給額（年額）

子どもの数	子あり妻	子
1人	1,012,800円	786,500円
2人	1,239,100円	1,012,800円
3人	1,314,500円	1,088,200円

(C) 遺族基礎年金支給の具体例

自営業の夫（第1号被保険者）が死亡した場合、子のある妻に、子が18歳到達年度末（一般的には高校卒業）になるまで、遺族基礎年金が支給されます。該当する子がいなくなると、遺族基礎年金の支給はなくなります。

〔図表13〕 遺族基礎年金の支給イメージ

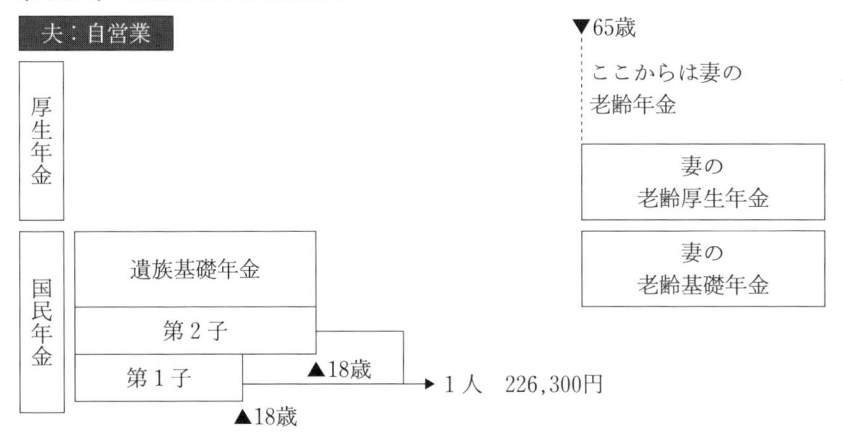

夫：自営業

```
                              ▼65歳
                              ここからは妻の
厚                             老齢年金
生
年                                 ┌──────────┐
金                                 │  妻の    │
                                  │ 老齢厚生年金 │
   ┌────────────┐                 ├──────────┤
国  │  遺族基礎年金  │                 │  妻の    │
民  ├────────┤   │                 │ 老齢基礎年金 │
年  │ 第2子  │   │                 └──────────┘
金  ├────┤   │   │
    │第1子│   │   │ ▲18歳  1人 226,300円
    └────┴───┴───┘
         ▲18歳
```

(2) 遺族厚生（共済）年金

以下のいずれかに該当した場合に支給されます。各共済組合の場合も同様の要件になります。

① 厚生（共済）年金の被保険者が死亡したとき

② 厚生（共済）年金の被保険者期間中に初診日がある病気・ケガにより初診日から5年以内に死亡したとき

③ 1級または2級の障害厚生（共済）年金受給者が死亡したとき

④ 老齢厚生（共済）年金の受給者または、受ける資格期間を満たしている人が死亡したとき

なお、①・②に該当する場合は、遺族基礎年金と同じ保険料納付要件を満たすことが必要です。

(A) 遺族厚生（共済）年金を受けられる遺族の範囲

遺族厚生年金は、父母（いずれも年齢条件がある）や孫も遺族の範囲に含まれる点が、遺族基礎年金との違いです。

① 遺族基礎年金の支給対象となる遺族（子あり妻、または子）
② 子のない妻
③ 55歳以上の夫、父母、祖父母（支給は60歳から）
④ 孫

(B) 支給順位

① 配偶者（妻または夫）と子
② 父母
③ 孫
④ 祖父母

(C) 遺族厚生（共済）年金の支給額

老齢年金の報酬比例年金額の4分の3が支給されます。また被保険者期間が25年に満たない場合は、25年（300月）として算出されます。

(D) 中高齢寡婦加算

夫が死亡した当時に、妻が40歳以上（平成19年3月までは35歳）であれば中高齢寡婦加算が遺族厚生年金にプラスして支給されます。子どもがいるために遺族基礎年金が国民年金から支給されている間は支給停止となっており、18歳到達年度末（一般的には高校卒業）に該当する子どもがいなくなった時点で妻が40歳以上なら中高齢寡婦加算が支給されます。支給される年金額は死亡した夫の加入期間などに関係なく、年額589,900円（平成25年度）です。

(E) 遺族厚生（共済）年金支給の具体例

会社員の夫（第2号被保険者）が死亡したときは、国民年金から遺族基礎年金が支給され、さらに厚生年金から、遺族厚生年金が上乗せで支給されます。18歳到達年度末（一般的には高校卒業）に該当する子どもがいなくなると、国民年金から支給される遺族基礎年金の支給がなくなり、それに代わって中高齢寡婦加算が厚生年金から支給されます。残された妻が65歳になると、妻自身の老齢年金が支給されるようになりますので、遺族年金の支給はなくなります。

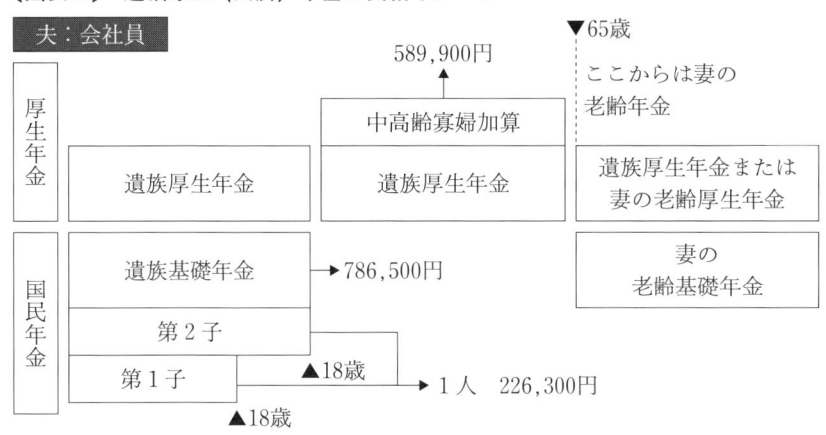

〔図表14〕 遺族厚生（共済）年金の支給イメージ

夫：会社員

```
厚生年金 │ 遺族厚生年金 │ 遺族厚生年金＋中高齢寡婦加算（589,900円） │ 遺族厚生年金または妻の老齢厚生年金
国民年金 │ 遺族基礎年金（786,500円）＋第2子＋第1子 │ 1人 226,300円 │ 妻の老齢基礎年金
```

▲18歳（第1子）　▲18歳（第2子）　▼65歳 ここからは妻の老齢年金

(3) その他の遺族給付

第1号被保険者（自営業など）が死亡し、遺族基礎年金を受給することができない場合、支給要件に該当すれば、寡婦年金、死亡一時金のどちらかを選択して受けることができます。

(A) 寡婦年金

第1号被保険者としての保険料納付済期間および保険料免除期間が25年以上ある夫が死亡した場合、10年以上の婚姻期間がある妻に支給されます。

なお、死亡した夫が老齢基礎年金・障害基礎年金を受給していた場合は、寡婦年金の支給対象とはなりません。

寡婦年金が支給されるのは、妻が60歳から65歳になるまでの期間であり、受給額は、夫が受けられたであろう老齢基礎年金額の4分の3です。

(B) 死亡一時金

第1号被保険者としての保険料納付済期間および保険料免除期間が3年（36ヵ月）以上ある夫が死亡した場合、下記の死亡一時金が支給されます。

なお、寡婦年金の支給要件と同じく、死亡した夫が老齢基礎年金・障害基礎年金を受給していた場合は、死亡一時金の支給対象とはなりません。

〔図表15〕 死亡一時金の支給額

期　　間	金額
36月～180月未満	12.0万円
180月～240月未満	14.5万円
240月～300月未満	17.0万円

期　　間	金額
300月～360月未満	22.0万円
360月～420月未満	27.0万円
420月以上	32.0万円

※4分の1免除（4分の3月）、2分の1免除（2分の1月）、4分の3免除（4分の1月）で計算。〔図表6〕参照

〈資料5〉 子のない妻の遺族厚生年金の有期年金化

　遺族厚生年金は第2号被保険者である夫が死亡すると、子がいなくても妻に支給されています。平成19年4月からは夫の死亡当時、30歳未満の妻で子がいないときは、5年間だけ遺族厚生年金が支給される有期年金となりました。また、中高齢寡婦加算が受給できるかを判定する年齢も35歳から40歳に引き上げられました。

Ⅷ　老齢になって年金をもらう場合

　年金額の計算を行うには、加入期間や厚生年金期間中の平均標準報酬などがわかっている必要があります。生年月日や職業などは人それぞれなので、各個人ごとに年金額は異なることになります。そこで、説明のために以下のモデルを設定します。

モデル

　昭和22年4月2日に生まれた女性で、18歳（昭和41年）に高校を卒業して就職し、24歳（昭和47年）で会社員の夫と結婚しました。子育てを終えた40歳（昭和62年）から会社員として再就職をして、60歳（平成19年）に退職した場合。

1 加入期間

このモデルの人の国民年金や厚生年金の加入期間は〔図表16〕のようになります。なお、年金は月単位で計算しますが、説明が複雑になるので、ここでの説明は年単位で行います。

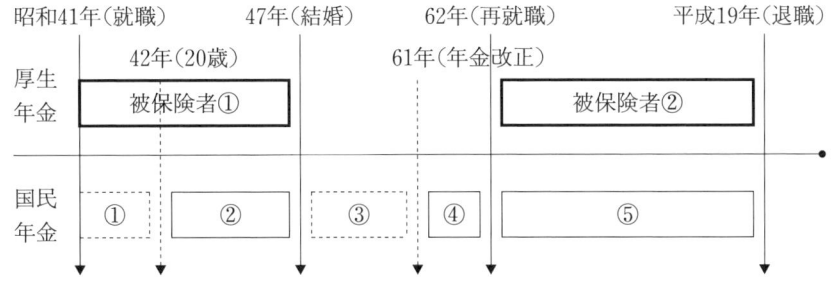

〔図表16〕 モデルケースの年金加入期間

```
昭和41年(就職)        47年(結婚)        62年(再就職)        平成19年(退職)
        42年(20歳)                  61年(年金改正)
厚生
年金     被保険者①                          被保険者②

国民
年金     ①      ②          ③       ④          ⑤
```

(1) 厚生年金保険の加入期間

厚生年金保険は、会社員として働いた期間（②と⑤）がそのまま被保険者期間となるので、結婚するまでの6年間と再就職してからの20年間の26年間となります。ただし、昭和61年までは退職時に脱退手当金を受け取ることができたため、それを受け取っていた場合、再就職してからの20年間だけが厚生年金の被保険者期間となります。

(2) 国民年金の加入期間

国民年金の加入期間は〔図表16〕の①から⑤までの区分になり、下記のような期間に分けることができます。このモデルの場合、20歳から60歳未満の期間（〔図表16〕の②③④⑤）のうち、②の脱退手当金を受け取ることができた期間、③の任意加入の期間が国民年金の受取額に影響します。

① 就職～20歳になるまでの期間（1年間）　合算対象期間（カラ期間）
として、年金の受給資格の判定するときはその期間を含め、実際に年金額を計算するときはその期間を含めません。この人の場合、高校を卒業してからすぐに19歳になるので、この期間は1年間となります。

② 20歳〜結婚するまでの期間（5年間）　厚生年金の脱退手当金を受け取っていなければ、国民年金の第2号被保険者期間となります。受け取っていた場合、合算対象期間（カラ期間）となります。
③ 結婚〜昭和61年の年金改正までの期間（13年間）　国民年金は任意加入できた期間です。自分で国民年金に加入して保険料を納付していれば、第1号被保険者期間となります。国民年金に加入していなかった場合は、合算対象期間（カラ期間）となります。
④ 昭和61年の年金改正〜再就職までの期間（1年間）　会社員である夫の被扶養者ですので、国民年金の第3号被保険者の期間となります。
⑤ 再就職〜退職までの期間（20年間）　国民年金の第2号被保険者の期間となります。

2　年金の受取額

(1)　60歳から受け取る特別支給の老齢厚生年金（平成24年度）

厚生年金の加入期間が1年以上ある場合には、60歳から特別支給の老齢厚生年金が支給されます。昭和22年4月2日生まれの女性の場合、60歳からは報酬比例部分が支給され、61歳からは定額部分も支給されます。加給年金は厚生年金保険に20年以上加入し65歳未満の配偶者がいる場合などの支給要件を満たした場合に支給されます。

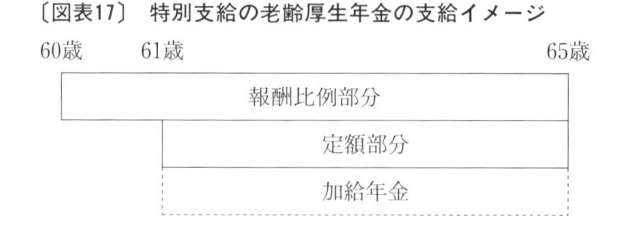

〔図表17〕　特別支給の老齢厚生年金の支給イメージ

60歳	61歳		65歳
報酬比例部分			
	定額部分		
	加給年金		

① 報酬比例部分の計算式

（平均標準報酬月額 $\times \dfrac{7.5}{1000} \times$ 平成15年3月までの被保険者期間＋平均標

準報酬額×$\frac{5.769}{1000}$×平成15年4月以後の被保険者期間)×1.031×0.978

② 定額部分の計算式

1,676円×1.000(生年月日による率)×被保険者期間×0.978

③ 加給年金　65歳未満の配偶者がいる場合などは、加給年金（226,300円）・配偶者特別加算（166,900円）が、定額部分の支給がされると同時に支給されます。

▶モデルケースでの計算例

被保険者期間25年（〔図表16〕の①＋②＋⑤）、平均標準報酬月額30万円（平成15年3月まで）・平均標準報酬額39万円（平成15年4月以降）、加給年金なし

① 報酬比例部分（60歳から）

(30万円×$\frac{7.5}{1000}$×252月(21年)＋39万円×$\frac{5.769}{1000}$×48月(4年))×1.031×0.978＝680,600円　　　　　　　　　　　　　　　（50円未満切り下げ）

② 定額部分（61歳から）

1676円×1.000×300月×0.978＝491,700円　　　（50円未満切り下げ）

(2) 65歳からの老齢年金（老齢基礎年金と老齢厚生年金）

老齢基礎年金（国民年金）の受取額は〈資料6〉の計算式で計算されます。

20歳～60歳未満の40年間（480ヵ月）の保険料納付実績に応じて計算されるしくみで、平成25年度は年額786,500円が満額の受給額となります。

モデルの場合、脱退手当金を受け取らず、任意加入していなかった場合の計算は、786,500円×26年（〔図表16〕の②＋④＋⑤）／40年＝511,200円（50円未満切り下げ）となります。

国民年金の満額受給額は前年の物価や賃金などの影響を受けて、年度ごとに改定されます。

〈資料6〉 老齢基礎年金（国民年金）受取額の計算式

（平成21年3月まで）

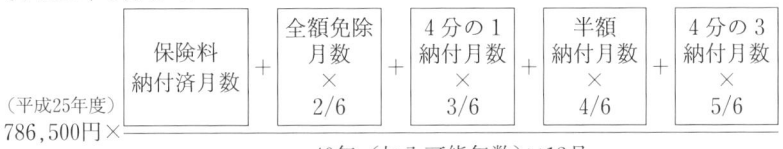

$$（平成25年度）786{,}500円 \times \frac{保険料納付済月数 + 全額免除月数 \times 2/6 + 4分の1納付月数 \times 3/6 + 半額納付月数 \times 4/6 + 4分の3納付月数 \times 5/6}{40年（加入可能年数）\times 12月}$$

（平成21年4月以降）

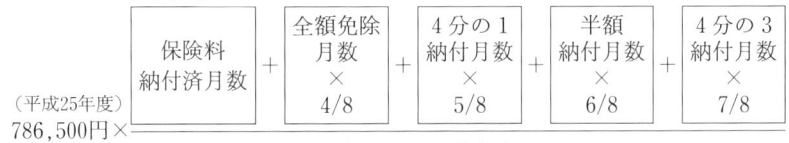

$$（平成25年度）786{,}500円 \times \frac{保険料納付済月数 + 全額免除月数 \times 4/8 + 4分の1納付月数 \times 5/8 + 半額納付月数 \times 6/8 + 4分の3納付月数 \times 7/8}{40年（加入可能年数）\times 12月}$$

(3) 老齢厚生年金

老齢厚生年金の計算は、特別支給の老齢厚生年金（報酬比例部分）の計算式と同じになります。

VIII 老齢になって年金をもらう場合

〔図表18〕 定額部分の支給開始年齢の引上げ（平成6年改正）

	60歳		65歳	
男子：S16/4/1 以前生	報酬比例部分		老齢厚生年金	
女子：S21/4/1 以前生	定額部分		老齢基礎年金	

	60歳	61歳		65歳
男子：S16/4/2～18/4/1 生	報酬比例部分			老齢厚生年金
女子：S21/4/2～23/4/1 生	→	定額部分		老齢基礎年金

	60歳		62歳	65歳
男子：S18/4/2～20/4/1 生	報酬比例部分			老齢厚生年金
女子：S23/4/2～25/4/1 生	→		定額部分	老齢基礎年金

	60歳		63歳	65歳
男子：S20/4/2～22/4/1 生	報酬比例部分			老齢厚生年金
女子：S25/4/2～27/4/1 生	→		定額部分	老齢基礎年金

	60歳		64歳	65歳
男子：S22/4/2～24/4/1 生	報酬比例部分			老齢厚生年金
女子：S27/4/2～29/4/1 生	→		定額部分	老齢基礎年金

	60歳			65歳
男子：S24/4/2～28/4/1 生	報酬比例部分			老齢厚生年金
女子：S29/4/2～33/4/1 生	→			老齢基礎年金

※長期加入者と障害者は60歳から定額部分と報酬比例部分が支給の特例あり。

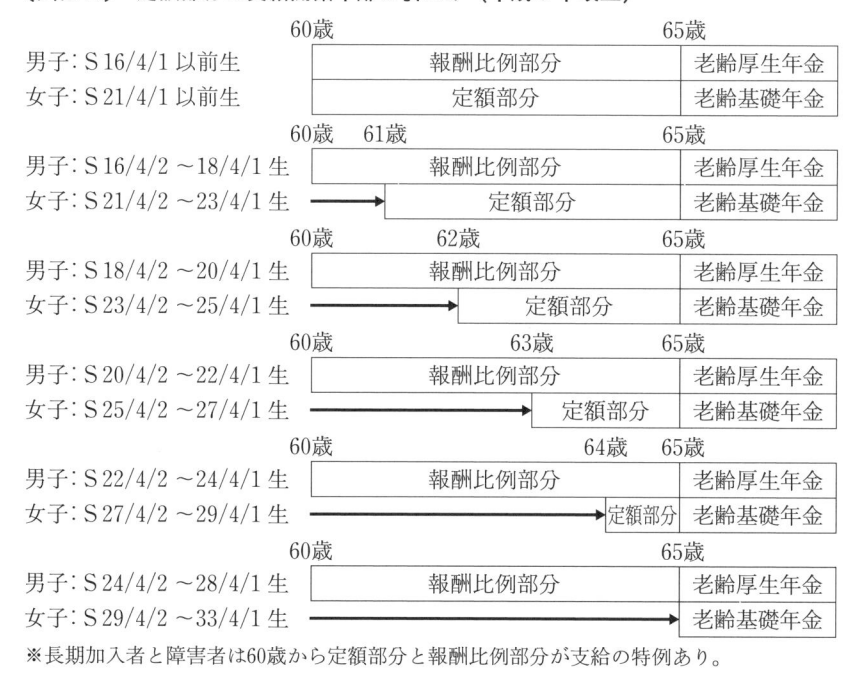

〔図表19〕 報酬比例部分の支給開始年齢の引上げ（平成12年改正）

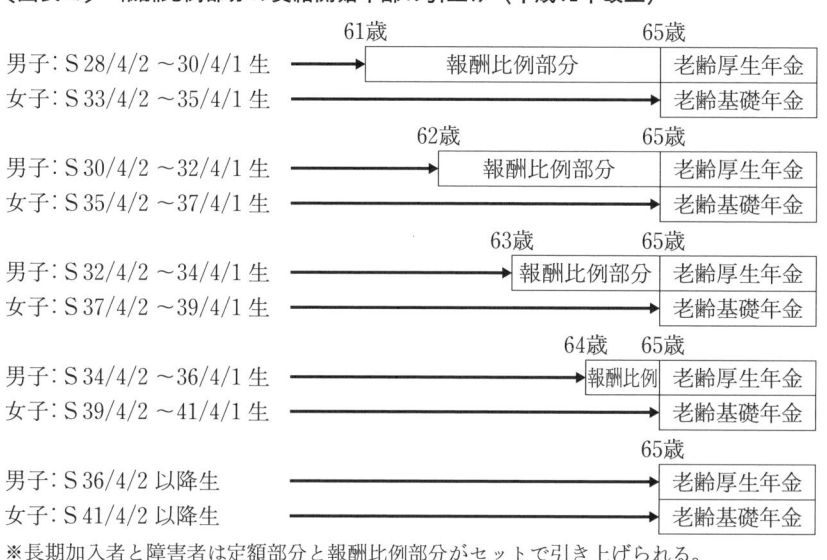

	61歳		65歳
男子：S28/4/2～30/4/1 生	→ 報酬比例部分		老齢厚生年金
女子：S33/4/2～35/4/1 生	→		老齢基礎年金

		62歳	65歳
男子：S30/4/2～32/4/1 生	→	報酬比例部分	老齢厚生年金
女子：S35/4/2～37/4/1 生	→		老齢基礎年金

		63歳	65歳
男子：S32/4/2～34/4/1 生	→	報酬比例部分	老齢厚生年金
女子：S37/4/2～39/4/1 生	→		老齢基礎年金

		64歳	65歳
男子：S34/4/2～36/4/1 生	→	報酬比例	老齢厚生年金
女子：S39/4/2～41/4/1 生	→		老齢基礎年金

			65歳
男子：S36/4/2 以降生	→		老齢厚生年金
女子：S41/4/2 以降生	→		老齢基礎年金

※長期加入者と障害者は定額部分と報酬比例部分がセットで引き上げられる。

Ⅸ 老齢年金の繰上げ受給、繰下げ受給

　老齢基礎年金は65歳からの支給が原則ですが、60歳から繰り上げてもらうことができます。また、66歳以降に繰り下げてもらうこともできます。
　また、平成19年4月からは、老齢厚生年金の繰下げができるようになりました。

1　繰上げ

(1)　老齢基礎年金の繰上げ

　老齢基礎年金の受給資格期間を満たしている60歳以上65歳未満の人は、繰上げの請求をすることができます。この場合、1カ月ごとに0.5％減額されます（1年繰上げだと6％、最大60歳からの30％減額）。注意すべき点は、以下のとおりです。

① 　繰上げの裁定請求書を提出すると、取り消すことはできません。
② 　この減額は将来を通じて行われるので、65歳になっても減額した年金額のままです。また、付加年金も同時に繰上げとなり、基礎年金と同じ減額率で支給されます。
③ 　65歳に達する前に障害になっても、障害年金は支給されません。
④ 　繰上げ請求をしたときから支給され、さかのぼり支給はありません。
⑤ 　老齢基礎年金は働いていても支給停止にはなりません。

(2)　老齢厚生年金の繰上げ（以下、日本年金機構HPより）

(A)　経過的な繰上げ支給

　報酬比例部分の支給開始年齢が引き上がる昭和28年4月2日から昭和36年4月1日までの間に生まれた方（女性は、昭和33年4月2日から昭和41年4月1日までの間に生まれた方）は、報酬比例部分のみの特別支給の老齢厚生年金の支給開始年齢（特例支給開始年齢）が、生年月日に応じて61歳から64歳に引き上げられますが、これらの特例支給開始年齢に達する前に老齢厚生年金

(報酬比例部分)の繰上げ請求をすることができます。経過的な繰上げ支給の老齢厚生年金の年金額は、60歳から65歳に達するまでの請求時の年齢に応じて、本来の年金額から、政令で定める額が減じられた額となります。この経過的な繰上げ支給の厚生年金を請求する人は、同時に老齢基礎年金の繰上げ請求をしなければなりません。

(B) 繰上げ支給の老齢厚生年金

老齢厚生年金の支給開始年齢が65歳になる昭和36年4月2日以降生まれの方(女性は昭和41年4月2日以降生まれの方)は60歳から65歳に達するまでの間に老齢厚生年金を繰上げ請求することができます。繰上げ支給の老齢厚生年金の年金額は、60歳から65歳に達するまでの請求時の年齢に応じて、本来の老齢厚生年金の年金額から、政令で定める額が減じられた額となります。ただし、加給年金額は、受給権者が65歳に達するまでは加算されません。なお、この老齢厚生年金の繰上げを請求する人は、老齢基礎年金も同時に繰上げ請求することになります。

2 繰下げ

老齢基礎年金の受給資格期間を満たしている66歳以上の人は、任意の時点で繰下げの請求をすることができます。この場合、1ヵ月ごとに0.7％加算されます(1年繰下げだと8.4％、最大70歳からの42％加算)。注意点は以下のとおりです。

① この加算は将来を通じて行われます。
② 66歳に達するまでに、遺族年金・障害年金の受給権者になった場合は繰下げ請求ができません。
③ 66歳に達した以降、遺族年金・障害年金の受給権者になったときは、その年金の受給権者となったときに繰下げの申し出があったものとみなされます。
④ 申し出のあった翌月から支給開始になります。

3　繰下げの注意点

　平成19年4月2日以後に受給権を取得した人から、老齢厚生年金の繰下げを行うことができます。この場合、1カ月ごとに0.7％加算されます（1年繰下げだと8.4％、最大70歳からの42％加算）。繰下げの注意点は以下のとおりです。

① 　老齢厚生年金の受給権を取得した日から1年が経過したときから、繰下げの申し出をすることができます。
② 　65歳以上で在職中の人は繰下げが適用されます。
③ 　在職中の人の繰下げは、在職中に年金給付を受けるときに支給停止となる年金額を除いた金額に対して、繰下げ加算が行われます。

　なお、上記老齢年金繰下げ年齢の計算は「年齢計算に関する法律」に基づいて行われ、「60歳に達した日」とは、60歳の誕生日の前日になります。たとえば、4月2日生まれの方が60歳に達する（した）日は、誕生日の前日の4月1日となります。

IX 老齢年金の繰上げ受給、繰下げ受給

<資料7> 繰上げと繰下げの損得

65歳の支給率を1とした場合、繰上げ・繰下げしたときの累計が何歳になったら下回るか、上回るかを下表にまとめました。

(単位：％)

年齢	繰上げ受給 60歳	61歳	62歳	63歳	64歳	65歳	繰下げ受給 66歳	67歳	68歳	69歳	70歳
60歳	0.700	—	—	—	—	—	—	—	—	—	—
61歳	1.400	0.760	—	—	—	—	—	—	—	—	—
62歳	2.100	1.520	0.820	—	—	—	—	—	—	—	—
63歳	2.800	2.280	1.640	0.880	—	—	—	—	—	—	—
64歳	3.500	3.040	2.460	1.760	0.940	—	—	—	—	—	—
65歳	4.200	3.800	3.280	2.640	1.880	1.000	—	—	—	—	—
66歳	4.900	4.560	4.100	3.520	2.820	2.000	1.084	—	—	—	—
67歳	5.600	5.320	4.920	4.400	3.760	3.000	2.168	1.168	—	—	—
68歳	6.300	6.080	5.740	5.280	4.700	4.000	3.252	2.336	1.252	—	—
69歳	7.000	6.840	6.560	6.160	5.640	5.000	4.336	3.504	2.504	1.336	—
70歳	7.700	7.600	7.380	7.040	6.580	6.000	5.420	4.672	3.756	2.672	1.420
71歳	8.400	8.360	8.200	7.920	7.520	7.000	6.504	5.840	5.008	4.008	2.840
72歳	9.100	9.120	9.020	8.800	8.460	8.000	7.588	7.008	6.260	5.344	4.260
73歳	9.800	9.880	9.840	9.680	9.400	9.000	8.672	8.176	7.512	6.680	5.680
74歳	10.500	10.640	10.660	10.560	10.340	10.000	9.756	9.344	8.764	8.016	7.100
75歳	11.200	11.400	11.480	11.440	11.280	11.000	10.840	10.512	10.016	9.352	8.520
76歳	11.900	12.160	12.300	12.320	12.220	12.000	11.924	11.680	11.268	10.688	9.940
77歳	12.600	12.920	13.120	13.200	13.160	13.000	13.008	12.848	12.520	12.024	11.360
78歳	13.300	13.680	13.940	14.080	14.100	14.000	14.092	14.016	13.772	13.360	12.780
79歳	14.000	14.440	14.760	14.960	15.040	15.000	15.176	15.184	15.024	14.696	14.200
80歳	14.700	15.200	15.580	15.840	15.980	16.000	16.260	16.352	16.276	16.032	15.620
81歳	15.400	15.960	16.400	16.720	16.920	17.000	17.344	17.520	17.528	17.368	17.040
82歳	16.100	16.720	17.220	17.600	17.860	18.000	18.428	18.688	18.780	18.704	18.460

X　年金の請求手続

1　老齢年金の裁定手続先

　老齢年金の請求手続は、最後に加入している年金制度とそれまでの年金制度への加入履歴によって、〔図表20〕のように手続先が違います。

〔図表20〕　老齢年金の手続先

加入していた年金の種類		手続先
最後に加入している年金制度	過去に加入していた年金制度など	
国民年金の1・3号被保険者	第1号被保険者の期間だけの人	住所地の市区町村役場
	第3号被保険者期間がある人	住所地を管轄する年金事務所
	被用者年金制度に加入したことがある人	
厚生年金保険	―	最後に勤務した事業所を管轄する年金事務所（退職後遠方に転居している場合、最寄りの年金事務所）
	船員保険の被保険者、船員任意被保険者だったことのある人	住所地を管轄する年金事務所（退職後遠方に転居している場合、最寄りの年金事務所）
共済組合	―	住所地を管轄する年金事務所

2　老齢年金の請求に必要な書類

　老齢年金の裁定手続を行うには、「年金請求書（国民年金・厚生年金保険老齢給付）」などの裁定請求書を記入したうえで、必要な添付書類を添えて提出することが必要です。

　年金請求に必要な、主な書類は〔図表21〕のとおりですが、その他「海外居住期間の証明」「学生であったことの証明」など、場合に応じて必要な書

類がありますので、年金事務所等で確認してください。

〔図表21〕 年金請求に必要な書類

書類の名称	注意事項など
年金請求書（国民年金・厚生年金保険老齢給付）	年金受取口座は、金融機関の証明を受ける、または通帳の写しなどを添付する
委任状	本人以外が請求する場合
住民票の謄本	① 請求者の配偶者または子が加給年金や振替加算の対象となる場合 ② 請求者が加給年金や振替加算の対象となる場合
年金手帳または被保険者証	添付できないときは、その事由書
雇用保険被保険者証	雇用保険被保険者証の交付を受けていない場合、その事由書
戸籍抄本（謄本）	生計維持関係にある配偶者または子のあるとき
診断書	1級または2級の障害の状態にある子
源泉徴収票・非課税証明書等の所得証明書類	生計維持関係にある配偶者または子があるとき
年金証書・恩給証書の写し	請求者本人および配偶者が公的年金制度から年金支給を受けている場合
年金加入期間確認通知書（共済用）	共済組合等の加入履歴のある人

※書類のほかに、裁定請求書等に押印した印鑑（朱肉を使用するもの）を持っていくと、押し忘れがあったときに使用できる。

（第3章担当・小川克之）

第4章

Q&A
実践　合意分割

第4章　Q&A　実践　合意分割

Ⅰ　合意分割制度総論

Q1　離婚時年金分割とは

> 離婚をするときに、夫の年金を分けてもらえるようになると聞きましたが、どのような制度ですか。

A

● 開始時期により2種類ある

離婚時年金分割という制度です。この制度は、離婚をしたときに、婚姻期間等の保険料納付記録を按分割合に応じて当事者（夫と妻）間で分割することができるというものです。「合意分割」と「3号分割」があります。

● 制度導入の背景

近年、「熟年離婚」という言葉が流行したように、比較的婚姻期間の長い夫婦の離婚件数が増加し、社会的にも注目されるようになりました。その一方で年金制度においては、老齢基礎年金（1階部分）は、夫と妻に支給されるものの、厚生年金（2階部分）は、厚生年金保険の被保険者だけに支給されています。ですから、夫婦の一方のみ（たとえば夫）が会社員として働いていた場合には、夫のみが厚生年金の受給権者となるため、現役時代の男女の雇用格差・給与格差等によって、離婚後の夫婦双方の年金受給額に大きな開きが出るという問題が指摘されていました。

このような問題が背景となり、婚姻期間中に会社員の夫を支えた妻の貢献度を年金額に反映させるなどの趣旨から、離婚時年金分割の制度が導入されたのです。

I　合意分割制度総論

● 分割されるのは「保険料納付記録」

　合意分割は、「専業主婦だった妻が離婚した場合、婚姻期間の内助に報いるため、本来夫が受け取る厚生年金の最大２分の１を妻が受け取ることができるという制度」と紹介されることも多くあり、たとえば夫が200万円の年金を受給していれば、最大でその２分の１の100万円を現金で受け取れるものと誤解されがちです。

　しかし、日本年金機構が「離婚時の厚生年金の分割制度は、（中略）その当事者の一方からの請求によって、婚姻期間等の保険料納付記録を当事者間で分割することができる制度です」と説明するように、年金分割とは、厚生年金を算出する基礎となっている「保険料納付記録」（Q24参照）を分割する制度なのです。夫に年金が支給されるときに、その年金を分割して、夫と妻のそれぞれの口座に振り込まれるというものではありません。

● 合意分割までの流れと手続

　年金が分割されるためには、
① 夫婦間の年金を分割することの合意および按分割合の取り決め
② 年金分割の請求
③ 厚生労働大臣の改定または決定
という経過をたどります。

　夫と妻が年金を分割することの合意をするためには、これまで納めた年金保険料の状況、離婚したとき支払われる年金の額などの情報を的確に把握することが必要です。そこで日本年金機構（年金記録確認第三者委員会）では、夫と妻の年金に関する情報の提供をしています（本章V参照）。また、家庭裁判所では、夫と妻が話合いで合意ができない場合の手続を用意し（本章VI参照）、誰でも合意分割の手続を行えるようサポートしています。

Q2 合意分割と3号分割

平成19年4月から始まった合意分割と平成20年4月から始まった3号分割は、どこが違うのですか。

A ● 合意分割

平成19年4月から始まった合意分割は、以下のような制度です。

(1) 概　要

合意分割は、夫と妻が、分割することとその分割割合（この制度では「按分割合」といいます）について合意しているか、合意ができないときには夫婦の一方が家庭裁判所に申立てをして、裁判所で按分割合が決定されれば、離婚時に限り、婚姻期間の保険料納付記録を分割（按分割合の限度は最大2分の1）することができるというものです。

(2) 対象となる当事者

合意分割の当事者は、第1号改定者、第2号改定者と呼ばれます。第1号改定者とは、厚生年金保険の被保険者または被保険者であった者で、合意分割により標準報酬額が低額に改定される（年金を分割される）人をいいます。また、第2号改定者とは、第1号改定者の配偶者だった者で、第1号改定者から標準報酬の分割を受ける（年金の分割を受ける）人をいいます。第2号改定者は、国民年金法の第3号被保険者（たとえば専業主婦）に限らず、第1号被保険者、第2号被保険者も含まれます。

(3) 分割の対象

年金制度は、国民年金（基礎年金）を基礎とした3階建てになっていますが（第3章Ⅰ参照）、合意分割では会社員や公務員、教員などに支給される2階部分の厚生年金、共済年金が分割される年金（対象）とされています。

では、夫がこの2階部分をもたない自営業者だったらどうなるのでしょ

か。分割されるべき年金（対象）がありませんので、この制度では、自営業者の妻は年金の分割をしてもらえないことになります。

(4) 対象となる期間

分割の対象となる期間は、原則として婚姻していた期間です。しかし、この制度が始まった平成19年4月1日よりも前に離婚したときには、この制度の適用がないので、年金の分割を受けられないことになります。

(5) 按分割合の範囲

按分割合とは、夫と妻が婚姻期間中に厚生年金に加入して得た標準報酬の合計額を分けるとき、分割を受ける側の標準報酬を、どのような割合にするのか示す数値をいいます（Q25参照）。按分割合の上限は2分の1です。下限は夫婦の対象期間標準報酬総額によって算出されます。たとえば、夫の対象期間標準報酬総額が6,000万円、妻のそれが4,000万円のケースでは、

$$4,000万 \div (6,000万 + 4,000万) \times 100 = 40\%$$

となります。按分割合は、仮に夫と妻の合意をしても、この範囲（40%～50%）を超えて定めることはできません。

(6) 按分割合の取り決め

按分割合は、夫と妻の話合いにより、按分割合の範囲内で取り決めることができます。しかし、夫と妻で話合いができない場合には、家庭裁判所は、夫または妻からの申立てに基づき、双方の事情などを考慮して、その割合を決めることになります。

(7) 請求期間

合意分割は、原則として、離婚の時から2年以内に請求しなければなりません。

● 3号分割

合意分割と対比しながら、3号分割を概観してみましょう。

(1) 概　要

3号分割は、夫が負担した保険料は妻が共同して負担したものという考え

方から、夫婦が離婚した場合、妻が年金事務所に申請すれば、夫の厚生年金の2分の1を自動的に分割できるというものです。

(2) 対象となる当事者

3号分割の当事者は、特定被保険者（年金を分割される人）、被扶養配偶者（年金の分割を受ける人）とよばれます。特定被保険者は、合意分割の第1号改定者と同じです。他方、被扶養配偶者は、特定被保険者の配偶者として国民年金法の第3号被保険者に該当していた人をいいます。合意分割では、第1号改定者の配偶者であれば対象者となったのに対して、3号分割では、対象者が国民年金の第3号被保険者（たとえば専業主婦）に限られて、第1号被保険者、第2号被保険者は含まれないことになります。

(3) 分割の対象

分割の対象となる年金は、合意分割と同じであり、2階部分が分割の対象となります。

(4) 対象となる期間

分割の対象となる期間は、平成20年4月1日以降の婚姻をしていた期間のうち、第3号被保険者となっていた期間です。

婚姻期間がこれ以前から続いている場合には、まず3号分割をしてから合意分割をすることになります。

(5) 按分割合の範囲

按分割合は、2分の1です。合意分割では、上限を2分の1、下限を夫婦の対象期間標準報酬総額によって算出された割合としていましたが、3号分割はこのような範囲がなく、2分の1の強制分割とされています。

(6) 按分割合の取り決め

合意分割では、夫と妻が按分割合を取り決めることとなっていましたが、3号分割では按分割合が2分の1と定められていますので、夫と妻が取り決める必要がありません。

なお、平成20年4月1日より前の期間については3号分割の対象とならないので、按分割合の取り決めが必要になります。夫と妻で話合いができない

ときには、家庭裁判所によって決められた按分割合に基づいて分割されることになります。

(7) 請求期間

合意分割では原則として2年という期間制限がありますが、現在のところ3号分割にはそのような期間を制限する規定はありません。

〔図表22〕 合意分割と3号分割の比較

	合 意 分 割	3 号 分 割
施行日	平成19年4月1日	平成20年4月1日
対象となる離婚等	平成19年4月1日以降にした離婚等	平成20年4月1日以降にした離婚等
当事者	第1号改定者（分割する人） 第2号改定者（分割を受ける人） ※第3号被保険者に限定されず、第1号被保険者、第2号被保険者でもよい	特定被保険者（分割する人） 被扶養配偶者（分割を受ける人） ※第3号被保険者に限られる
合意	分割することおよび按分割合について必要	不要
対象となる期間	対象期間 対象となる離婚等について、その離婚までの婚姻期間（平成19年4月以前の期間を含む）	特定期間 対象となる離婚等について、平成20年4月1日から離婚までの婚姻期間のうち第3号被保険者であった期間
按分割合	対象期間における夫と妻の標準報酬総額の2分の1を上限とし、標準報酬総額から算出された下限の範囲内で、定められた割合	特定期間における特定被保険者の標準報酬総額の2分の1
請求期間	原則として離婚後2年以内	制限なし（制限する規定がない）

Q3　離婚時年金分割制度は、女性に有利？

離婚時年金分割制度が始まるまで離婚を待っている女性がかなりいたという話を聞いたことがありますが、女性にとって、離婚をしないで待っているほど、良い制度なのでしょうか。

A

● はじめに

時事通信（平成19年1月2日インターネット版）が「離婚時分割4月スタート＝『女性と年金』注目の1年」との見出しで報じていたように、離婚時年金分割制度に注目が集まっていました。しかし、その記事によると、旧社会保険庁は「予想より妻への分割額が少ない場合が多いはず」と指摘し、「慎重に判断していただければ」と訴えていたそうです。

離婚時年金分割制度は、「女性にとって有利なしくみ」といわれていますが、極めて多くの場合には期待していたほどの成果が得られないばかりではなく、分割されて得たはずの年金が、実際にはもらえない場合もあります。ですから、この制度に過度の期待をもってはいけないといえるでしょう。

離婚するかどうかは、より本質的なところで決断し、「年金が少しでも増えればよい」程度に考えたほうがよいのではないでしょうか。

● 有利な点

夫婦が離婚した場合、専業主婦であった妻が受給できる年金は国民年金だけでしたが、離婚のときに夫と合意した割合に基づき、夫が受給する厚生年金の一部が上乗せされた年金額が受給できることになります。

また、これまでは、調停や裁判で離婚をする際、夫の受給する年金の一部を妻に払い渡すという取り決めをすることがありましたが、この取り決めは、夫が支給された年金の一部を妻に払い渡して初めて実現するものでした。ですから、夫の協力がなければ実現できないものであり、いつ履行されないと

きがくるかもわからない不安定なものでした。しかし、この制度では、分割された年金を受け取るために夫の関与や協力は必要がなく、妻は上乗せされた年金額が直接日本年金機構から支給されるので、要件さえ整っていれば、確実に上乗せされた部分を受給でき、いわゆる「貰い損ない」が防止できることになります。

➡ 期待外れの点

このような点から、この制度は、妻にとっては確かに有利なものにみえますが、どのようなところが「期待外れ」なのでしょうか。

(1) **妻は誰でも分割してもらえる？**

離婚時年金分割制度で分割の対象となる年金は、国民年金の上乗せとして報酬比例で支給される年金である「被用者年金（厚生年金、共済年金）」（2階部分）であり、全国民に共通した「国民年金（基礎年金）」（1階部分）は分割の対象とはなりません。ということは、この2階部分をもつ会社員や公務員などの妻であればこの制度の恩恵（分割）を受けられますが、夫が自営業者であれば2階部分をもたないので分割されるものがなく、恩恵は受けられないことになります。そればかりか、夫が自営業者であり、妻が2階部分をもつ会社員や公務員であれば、妻の2階部分を夫に「分け与える」ことにもなります。

この制度は、妻だけが「得をする」制度ではないということです。

(2) **年金の半分がもらえる？**

この制度によって、妻は夫が受給する年金の「半分」を分割されると期待する人も多いようです。

ところで、離婚時年金分割制度を定める「厚生年金保険法」では、平成19年4月1日から始まった合意分割について「請求すべき按分割合は、（中略）二分の一以下の範囲（中略）内で定められなければならない。」（同法78条の3第1項）とし、平成20年4月1日から始まった3号分割では「社会保険庁長官は、（中略）二分の一を乗じて得た額にそれぞれ改定し、及び決定する

ことができる」(同法78条の14第3項)としています。これによれば、妻が分割を受けられるのは夫の厚生年金について3号分割では半分ということになりますが、合意分割にあっては、夫と妻の話合い(話合いがつかなかった場合には家庭裁判所の調停などで決める)によって定められた割合に基づいて分割されるので、半分以下になることもあります。

では、按分割合を2分の1としたとき、夫が受給する年金の半分が分割されて獲得できるのかといえば、そうではありません。分割される年金は厚生年金などの2階部分だけであって1階部分は分割されませんので、妻の年金に上乗せされる額は、夫が受給する年金(1階部分と2階部分の合計)の半分にならないことは明らかです。

(3) 分割された年金を受け取れない場合

場合によっては、分割された年金を受け取れないこともあります。年金分割は、年金算出の基礎となる標準報酬月額を分割すること(改定すること)であり、改定された標準報酬額に基づいて年金が支給されます(Q24参照)。ですから、妻が年金の分割を受けたとしても、妻自身が年金を受給する資格がない場合には、分割された年金も受け取ることができません(Q31参照)。夫から分割され、妻に支払われなかった年金は、また夫に戻るということもありませんので、結局、夫、妻ともにこの部分の年金を受け取ることはありません。この部分は、どこに行ってしまうのでしょうか? ほかの人の年金の財源になってしまったといえるでしょう。

Q4　離婚時年金分割と遺族厚生年金

> 私は専業主婦で働いたことはありませんが、離婚をして年金を分割してもらうのと、離婚せずに遺族厚生年金をもらうのとは、どちらがお得なのでしょうか。

A

● 年金の分割と遺族年金

妻は、離婚をしたときには、合意分割をすれば、夫が受け取る年金の一部を受け取ることができます。このほかに妻が受け取れる年金として、婚姻中に夫が死亡したときにもらう「遺族厚生年金」（第3章Ⅶ2参照）があります。遺族厚生年金は、厚生年金保険に加入している人が在職中に亡くなったとき、または、厚生年金の加入をやめたあと厚生年金加入中に初診日があるケガや病気が原因で、初診日から5年以内に亡くなったときなどにその遺族に支給されます。この二つの制度は、妻を経済的に支えるという面では似ていますが、根本的に異なったものであり、比較するのは難しいことです。ここでは、夫（58歳）、妻（55歳）の夫婦（子どもはいない）で、夫が65歳になったときに年金200万円（基礎年金80万円、厚生年金120万円）を受け取れる場合を考えてみます。

● 前提になる要件

支給される前提要件は、合意分割では「夫婦が離婚していること」であり、遺族厚生年金では「夫婦であること」です。

● 支給開始の時期

支給が開始されるのは、年金分割では、妻自身の年金支給開始時期（65歳。ただし、繰上げ受給（第3章Ⅸ参照）の場合には60歳から支給を受けることもできます）ですから、あと10年は待たなければなりません。夫が年上で、先に

81

支給時期を迎えていても、妻自身の支給時期にならなければ分割された年金を受け取ることはできません。

これに対し、遺族厚生年金は、夫が死亡したときであり、妻自身の年金受給開始時期とは関係なく支給されますので、妻は55歳でも遺族厚生年金が受け取れます。

➡ 支給される額

合意分割では、分割されるのは2階部分であり、最大その2分の1ですから、妻が分割によって上乗せされた年金額は60万円です。

遺族厚生年金は、報酬比例の年金額（夫の受け取る老齢厚生年金）の4分の3であり、90万円です。

➡ 老齢基礎年金との併給

遺族の老後保障にとって、遺族厚生年金が不可欠なことを考慮して、遺族厚生年金は、例外的に老齢基礎年金とあわせて受け取れることになっています。そこで、遺族（妻）が65歳になって老齢基礎年金を受け取れるようになったときには、妻自身の老齢基礎年金と遺族厚生年金あわせて受け取れるようになります。

➡ まとめ

ここまでをまとめると、妻が受け取れる年金は、次のようになります。「どちらがお得？」でしょうか。

〔図表23〕 妻が受け取る年金

	55歳～64歳	65歳～
年金分割	0円	老齢基礎年金＋60万円
遺族厚生年金	90万円	老齢基礎年金＋90万円

Q5　経済的自立

> 分割された年金で、離婚後の生活はできるのでしょうか。経済的な心配はいらなくなるのでしょうか。

A

● 1カ月の生活費の目安はいくらか

分割された年金で、離婚後も生活ができるか？　これは、あなたがどの程度の生活水準を求めるかによって決まることかもしれません。イメージを豊かにして、考えてみましょう。

最初に、現在の1カ月の生活費と、それで得られている生活水準を考えてください。次に、離婚後にこんな生活をしたいという生活水準をイメージしましょう。家は持家か、賃貸にするのかということも考えてください。これで、離婚後の生活にはどのくらいの生活費が必要か、おおよその金額が計算できたと思います。

● 収入、手持資金はいくらか

離婚したとき、あなたには、どれだけの収入や手持資金があるでしょうか。

結婚しているときの生活を思い浮かべてください。月々の給料だけで賄えているときもあるでしょうし、ボーナスを当て込んで、買い物をしたり、旅行をしていませんでしたか。多くの家庭では、月々の収入とボーナスなどの収入の全体を考えながら生活をしていたものと思います。

では、離婚後のあなたの収入を考えてみましょう。年金以外の収入やボーナスのような収入はあるでしょうか。あるいは、子ども（といっても、すでに自立している社会人ということが多いでしょう）から扶養としての援助が期待できるのでしょうか。このようなことを総合的に考えて、あなたにはどれだけの生活費が確保できたでしょうか。

➡ 合意分割により得られる金額

　合意分割で得られる金額は、どのくらいあるでしょうか。たとえば、夫は200万円の年金（内訳は老齢基礎年金（１階部分）80万円、老齢厚生年金（２階部分）120万円）を受け取っていた場合、分割の対象は２階部分ですから、あなたがもらえる分は、最大で120万円の半分。すなわち年額60万円、月額で５万円です（実際には、分割される厚生年金も保険料を納付していた全期間が対象となるのではなく、結婚していた期間についてだけ分割されますので、ほとんどの場合には月額５万円よりも少なくなるでしょう（第６章のシミュレーションを参考にしてください）。旧社会保険庁が「予想より妻への分割額が少ない場合が多いはず」という指摘していたことにも納得できます）。

➡ もう一度考えてください

　合意分割で分割された年金は、あなた自身が年金を受給できるとき（たとえば65歳）から受け取れますので、離婚したときから65歳になるまでは、分割された年金を生活費にはできないことを前提として考えなければなりません。あなたが65歳になるまでの収入や手持資金、そして65歳になってから年金分割で得られる金額は、あなたの描いた生活水準を維持するために十分でしょうか。もし十分であれば離婚後の生活に不安がないということになります。このようなことを考えながら、離婚後の生活に経済的な不安がないか、もう一度考えてみてはいかがでしょうか。

Ⅰ　合意分割制度総論

Q6　年金を分割するという意味

> 年金を分けるというのは、どういうことですか。夫が年金をもらうときに、その一部を私に払ってもらえるということですか。

A　●「年金分割」の実体

「年金分割」という言葉から、夫が受け取る年金の一部が妻に「現金」で支給されるというイメージをもつ人も多いと思います。しかし、受け渡しするのは「現金」ではなく、年金を算出するための基礎となる「標準報酬月額」が、按分割合に基づいて受け渡しされて改定されるというもので、厚生年金保険法には「年金を分割する」という表現は、どこにもありません（Q24参照）。年金は「標準報酬月額」に基づいて計算された金額が支給されるので、按分割合に基づいて改定される前の標準報酬月額で計算された金額と、改定後の標準報酬月額で計算された金額の差額が「分割された」ともいえるかもしれません。しかし、夫に年金が支給されるときに、その年金を分割して、夫と妻のそれぞれの口座に振り込まれるというものではありません。分割をすることがどのようなことかをイメージすると、〔図表24〕のようになります。

〔図表24〕　年金分割制度のイメージ

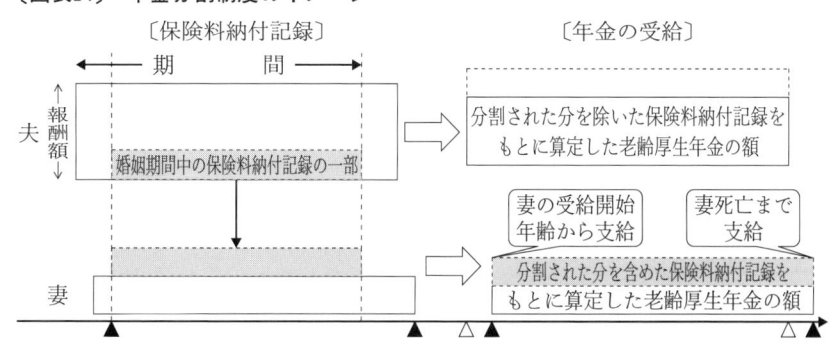

	〔保険料納付記録〕	〔年金の受給〕
夫　報酬額	←　期　間　→ 婚姻期間中の保険料納付記録の一部	分割された分を除いた保険料納付記録をもとに算定した老齢厚生年金の額
妻		妻の受給開始年齢から支給／妻死亡まで支給 分割された分を含めた保険料納付記録をもとに算定した老齢厚生年金の額

85

Q7　按分割合の取り決め

年金を分割してもらうためには、私と夫は、どのようなことを決めればよいのですか。

A

● 按分割合の取り決め

夫と妻が決めなければならないことは、「按分割合」です。

年金分割の実体は「標準報酬月額の改定」です（Q6・24参照）が、これは、妻の標準報酬月額が按分割合によって算出された額になるよう、夫の標準報酬月額の一定額を妻の標準報酬月額に分け与えることによって行われるので、夫と妻が婚姻期間中に厚生年金に加入して得た標準報酬の合計額を分けるとき、分割を受ける側の標準報酬をどのような割合にするかを取り決めることになります。この割合を示す数値を「按分割合」（Q25参照）といいます。

● 按分割合の範囲

夫と妻の話合いで「按分割合」を一定の範囲内で自由に決めることができます。年金分割には「婚姻期間中にサラリーマンの夫を支えた妻の貢献度を年金額に反映させる」などの趣旨がありますので、これを考慮して上限と下限が決められました。

範囲の上限は、2分の1です。（厚生年金保険法78条の3第1項・78条の14第3項）。他方、下限は、夫婦の対象期間標準報酬総額によって算出されます。たとえば、夫の対象期間標準報酬総額が6,000万円、妻のそれが4,000万円のケースでは、

　　4,000万÷(6,000万＋4,000万)×100＝40％

となります。按分割合は、仮に夫と妻が合意をしても、この範囲（40％～50％）を超えて定めることはできません。

Q8　家庭裁判所による手続の種類

> 私と夫の間で話がつかなかったときには、どうしたらよいのですか。

A　⮕　家庭裁判所による解決

按分割合の取り決めは、夫婦間の合意によることが基本ですが、話合いができなかったときは、家庭裁判所の手続によって解決することになります（本章Ⅵ参照）。

⮕　手続　その1（調停・審判）

(1) 調　停

家庭裁判所の手続の基本は、夫と妻の話合いによる解決です。最初に、家事調停による話合いという手続があります。家事調停は、裁判官と民間の良識のある人から選ばれた調停委員2名以上（通常は2名）で構成される調停委員会が、夫と妻の双方から事情を尋ねたり、意見を聴いたりして、双方が納得のうえで問題を解決できるように、助言やあっせんをするものです。この家事調停は裁判ではありませんが、当事者の合意が裁判所によって承認、公証されることによって、裁判や審判と同一の効力が与えられるものです。

(2) 審　判

次に家事審判という手続があります。家事審判は、裁判官が、夫と妻から提出された書類や家庭裁判所調査官が行った調査の結果等種々の資料に基づいて判断し、決定します。

合意分割のために必要な按分割合の取り決めについては、家庭裁判所の手続では「家事事件手続法別表第2に掲げる事項」という分類になりますので、家事調停で話合いができなかった場合には、家事審判に移行して、引き続いて手続が進められることになります。

● 手続 その2（人事訴訟）

　離婚や親子関係の存否などの夫婦や親子などの関係についての争いが、家事調停における当事者の話合いで解決ができなかった場合には、人事訴訟手続による解決があります。人事訴訟は、民事訴訟の一種ですが、家庭裁判所における人事訴訟では、参与員が審理や和解の試みに立ち会い、意見を述べたりして、良識にかなった解決が図られるような工夫がされています。

　この人事訴訟手続は、離婚について夫、妻の間で話合いによる解決ができないときに行われる手続ですから、按分割合を取り決めることだけを目的にして行うことはできません。人事訴訟では、申立てがあるときは、離婚の解決にあわせて按分割合を決めます。

Q9　入籍していない内縁関係の場合

> 私は、パートナーと正式には結婚していないのですが、私にも分割してもらえるのですか。

A

● 事実婚と法律婚

男女がともに生活をしている状態を法律からみると、事実婚と法律婚に分けられ、この違いは婚姻届を出しているかどうかにあります。民法では、事実婚では相続権がない（民法890条参照。婚姻は婚姻届を出すことで効力を生ずるとされ（同法739条）、届出をした男女が、それぞれの「配偶者」となる）など、法律婚とは異なった扱いになりますが、厚生年金保険法は、「配偶者」、「夫」および「妻」には、婚姻の届出をしていないくても事実上婚姻関係と同様の事情にある者を含むものとして（同法5条4項）、事実婚であっても法律婚と同じ扱いにしています。

● 未届の妻と重婚的内縁関係

事実婚といっても、婚姻届出を出していないだけでいつでも入籍ができる実質的な婚姻関係にある事実婚（未届けの妻）と、戸籍上は法律婚の配偶者がいて婚姻届出を出すことができない事実婚（重婚的内縁関係）があります。

未届けの妻の場合には、事実婚を証明することで年金の分割を受けられますが、重婚的内縁関係の場合には、法律婚の妻と事実婚の妻のどちらが優先されるかという問題があります。本来、婚姻の成立は届出によって法律上の効果が生じるので（民法739条）、届出がされた婚姻（法律婚）が優先されることは当然ですが、法律婚が全く実体を失っているような場合には、共同生活の実体を尊重し、内縁関係にある妻を事実婚関係にある者として認定するものとされています。

❯ 分割対象期間

　事実婚では、妻が第 3 号保険者（扶養に入っている）の期間のみが対象となります。

　事実婚における対象期間は、その開始時期から解消された時期までの期間となるとも考えられますが、この期間を特定することが困難なため、原則として合意分割の対象とはされません。しかし、第 3 号保険者の期間は特定ができますので、この期間に限っては対象期間とされるというものです。

　このような観点からすれば、事実婚の期間が特定できればその期間を対象期間とすることができるのではないかとも考えられます。今後の取扱いに注視してください。

Q10 分割の請求

分割の請求は、誰に、いつ、すればいいのですか。

● 最寄りの年金事務所に書類を提出

分割の請求は、所定の請求書に必要事項を記載し、請求する側の現住所を管轄する年金事務所を経由して厚生労働大臣に提出します。

厚生労働大臣は、標準報酬改定請求があった場合には、当事者の標準報酬月額をそれぞれ法律に定められた額に改定し、または決定することができるとされています（厚生年金保険法78条の6）。ですから、夫と妻の間で合意や裁判手続で按分割合が定められた後に分割改定の請求をしなければ、夫と妻それぞれの厚生年金の分割（標準報酬の改定）は行われません。

● 請求に必要な書類

分割請求をするときに必要な書類は、次のとおりですが、最寄りの年金事務所に前もって確認しておくとよいでしょう。

① 年金手帳、国民年金手帳または基礎年金番号通知書
② 戸籍謄本あるいは抄本、または住民票
③ 公正証書等の按分割合を定めた書類　按分割合を定めた書類として、次のようなものもあります。
　ⓐ 按分割合を定めた確定した審判の謄本または抄本
　ⓑ 按分割合を定めた調停についての調停調書の謄本または抄本
　ⓒ 按分割合を定めた確定した判決の謄本または抄本
　ⓓ 按分割合を定めた和解についての和解調書の謄本または抄本

これらは裁判所における手続によって作成される書類ですから、公的な証明力の強い文書です。しかし、夫婦間の話合いで離婚をした場合（協議離婚）には、当然、裁判所の手続は必要ありませんので、このような証明力の

強い書類を作成することはできません。そこで、「当事者が標準報酬の改定または決定の請求をすることおよび当該請求すべき按分割合について合意している旨が記載された公正証書の謄本もしくは抄録謄本または公証人の認証を受けた私署証書」をもって、分割の合意と按分割合について証明することになります（公正証書についてはQ12参照）。

また、事実婚の解消に基づいて分割の請求をするときには、事実婚関係にあったことを証明する資料が必要になります。

● いつ請求するのか

(1) 原　則

次の①から③の日の翌日から起算して2年以内です。これを経過したときは分割（標準報酬改定）の請求はできません。

① 離婚が成立した日
② 婚姻が取り消された日
③ 事実婚第3号被保険者の資格を喪失した日

(2) 例　外

協議離婚はしたものの、按分割合を取り決めることができないため、家庭裁判所に按分割合を決める調停や審判を申し立てることもありますが、調停や審判が離婚が成立した日などから2カ月以内に終わらないこともあります。そのために分割の請求の期限を過ぎてしまい、分割請求ができなくなっては困ります。そこで、次のような場合には、例外的に、その日の翌日から1カ月以内に分割請求ができるとしています。

① 本来の請求期限を経過する日前に按分割合に関する審判の申立てをした場合であって、本来の請求期限が経過した日以後に、または本来の請求期限を経過する日前1カ月以内に、請求すべき按分割合を定めた審判が確定したとき
② 本来の請求期限を経過する日前に按分割合に関する調停の申立てをした場合であって、本来の請求期限が経過した日以後に、または本来の請

求期限を経過する日前1カ月以内に、請求すべき按分割合を定めた調停が成立したとき
③　按分割合に関する附帯処分を求める申立て（注）をした場合であって、本来の請求期限が経過した日以後に、または本来の請求期限を経過する日前1カ月以内に、請求すべき按分割合を定めた判決が確定したとき
④　按分割合に関する附帯処分を求める申立てをした場合であって、本来の請求期限が経過した日以後に、または本来の請求期限を経過する日前1カ月以内に、請求すべき按分割合を定めた和解が成立したとき

（注）　離婚を求めた人事訴訟では、当然には按分割合を決めません。按分割合を離婚と同時に決めてほしいときには、別途その旨の申立てをしなければなりません。そのような申立てを「附帯請求」といいます。

➲　改定などの通知

　分割を請求すると、厚生労働大臣は、その請求に基づいて標準報酬の改定または決定をしますが、改定または決定した結果は、改定後の保険料納付記録として通知されます（厚生年金保険法78条の8）。この通知で、実際に年金が分割されたことがわかります。

Q11 合意分割の相談など

> 合意による分割を行うのはどのようなときか、分割ができるのかどうか、分割したほうが有利なのか不利なのかは、どのように判断したらよいのですか。また、このようなことを相談したいときには、どこに行けばよいのですか。

A

● 合意による分割を行うとき

年金を分割するためには、按分割合を示して請求しなければなりませんので、分割請求をしようと考えるならば、必ず按分割合の取り決めをしなければなりません。この取り決めの基本は夫と妻の話合いですが、話合いができないときには、家庭裁判所の手続（審判、調停）で決めることができます。また、夫と妻の話合いでの離婚（協議離婚）ができないときには、家庭裁判所で調停や人事訴訟の手続で離婚することになりますが、離婚の調停や裁判のときに、申立てがあれば、あわせて按分割合を決めることができます（本章Ⅵ参照）。

したがって、合意による分割を行う場合は、①協議離婚をして、按分割合が合意できたとき、②家庭裁判所の手続での離婚に際して按分割合を決めず、夫と妻の間で按分割合が合意できたときです。

● 分割したほうが有利かどうかの判断

妻にとって、年金分割をしたほうが得なのかどうかは大きな関心事ですが、何をもって「有利」というかは、本人次第です。その判断材料の例としては、離婚したときの年金について、「いつから受け取れるのか」、「その額がいくらか」、「分割をしたときとしていないときの差はどのくらいか」ではないかと思います。

このような内容を的確に知ることができれば、判断のために大いに役立ち

ます。そこで、年金事務所は、請求に基づいて、①対象期間の標準報酬額、②按分割合の範囲、③算定の基礎となる期間、④第1号改定者の氏名、⑤第2号改定者の氏名などの情報を提供しています（詳しくは本章Ⅴ参照）。

しかし、最終的には、有利かどうかは自分で判断しなければならないことです。残念ながら、このようなことを相談できるところはありません。このような情報をもって、あなたが信頼できる人に相談してはいかがでしょうか。

➡ 一般的な相談

(1) 年金分割に関する相談

年金分割に関する相談、たとえば、自分は分割してもらえるのかどうか、分割の請求をするために必要なことなど、手続一般については、最寄りの年金事務所で相談をしてください。

(2) 公正証書作成に関する相談

按分割合の合意ができたけれども、公正証書の作成方法がわからないという場合には、最寄りの公証役場で相談してください。

(3) 家庭裁判所の手続に関する相談

協議離婚ができないときに家庭裁判所の手続で離婚をしようというとき、協議離婚はしたけれども按分割合の話合いがつかないので家庭裁判所の手続で決めてほしいというときは、最寄りの家庭裁判所に相談してください。

Q12　合意書面の作成手続

合意による分割を行うときに、どのような書類を作成すればよいのですか。

A

● 合意すべき事項

合意による分割を行うときには、夫と妻の間で、①年金を分割することの合意、②分割の按分割合について合意ができていることが必要です。按分割合については、年金分割制度が導入された趣旨から、一定の範囲を超えた合意をしてもその合意は有効ではありません（Q7参照）ので注意が必要です。

● 合意文書の作成

分割請求をするときには「公正証書等の按分割合を定めた書類」を提出しなければなりません。この書類は、大きく分けて、
① 夫と妻が作成する、合意の内容が記載されている書類
② 裁判所が作成する書類
の2種類があり、合意による分割をするときには①の書類を作成することになります。

合意の内容が記載された書類も大きく分けて、
ⓐ 夫と妻が作成した合意書面で作成名義人（夫と妻）の署名または記名押印がある私文書（私署証書といいます）に公証人が認証（公証人が、署名、署名押印または記名押印の真正を証明すること）したもの
ⓑ 公証人が作成する公正証書
の2種類があります。いずれの書面も公証人が認証あるいは作成することで関与し、その内容が公的に証明されることになります。

❺ 公正証書などの作成手続

(1) 作成の流れ

公正証書は、①公証人役場への受付、②公証人による聴取、③書記による証書調整、④公証人による読み聞かせまたは閲覧、⑤公正証書の正本・謄本の交付という手続によって作成されます（詳しくは日本公証人連合会のホームページを参照してください）。

〔図表25〕 公正証書作成の流れ

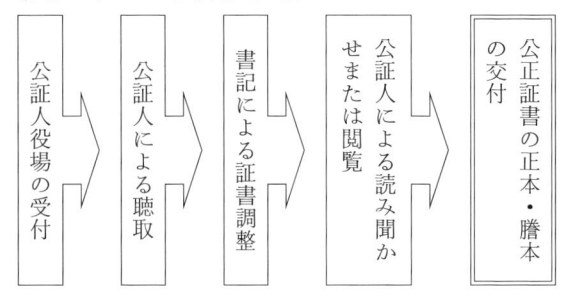

公証人役場の受付 → 公証人による聴取 → 書記による証書調整 → 公証人による読み聞かせまたは閲覧 → 公正証書の正本・謄本の交付

(2) 本人などの確認

公正証書作成の手続は、本人だけではなく、本人の委任状を持った代理人でもできますが、原則として双方の代理を一人で行うことはできません。

公証人は、持参された印鑑証明書、実印（運転免許証、パスポートなどでもよいとされています）によって本人確認を行います。また、代理人の場合には、①本人から代理人への委任状（本人の実印を押印したもの）、②本人の印鑑証明書、③代理人自身の運転免許証・パスポートなどで確認をします。

(3) 内容の聴取

公証人が、合意の内容などを聴取します。

(4) 公正証書の作成

公証人が、聴取した内容に基づいて文書を作成しますが、その日にできないこともあります。内容によっては、事前に原案を作成する場合もあるので、事前に相談をするとよいかもしれません。

(5) 公正証書の内容の確認

公証人が作成した文書の内容を確認するため、公証人による公正証書の読み聞かせまたは閲覧が行われます。

(6) 公正証書への署名・押印

作成された文書の内容を確認した後、当事者（または代理人）と公証人が公正証書に署名、押印します。

(7) 原本の保存と正本・謄本の交付

当事者と公証人が署名、押印して完成された公正証書の原本に基づいて作成された写し（公証人の認証がある「正本」）が交付されます。年金分割の請求をするためには、この公正証書の謄本が必要ですから、原本に基づいて作成された写し（公証人の認証がある「謄本」）の交付を受けます。

なお、公正証書の原本は、公証役場に原則として20年間保存されるので、後日必要になったときにも、正本や謄本の交付が受けられます。

● 公証人とは

合意の内容を記載した書面を作成するには公証人の関与が不可欠ですが、公証人とは、どういう人なのでしょうか。

公証人とは、ある事実の存在、もしくは契約等の法律行為の適法性等について、公権力を根拠に証明・認証する者をいい、公証人法に基づいて法務大臣が裁判官、検察官、弁護士などから任命する公務員です。

公証人の主な職務は、公正証書の作成、定款や私署証書の認証、事実実験、確定日付の付与などであり、全国各地の公証役場で職務を行っています。

Ⅰ　合意分割制度総論

Q13　不服の申立て

> 合意をした覚えがないのに合意されたようになったとき、合意と異なる請求がされてそのように決定または改定されているとき、請求と異なる決定または改定がされているときにはどうしたらよいのですか。

A

● 審査請求

　年金分割は、「標準報酬月額」が按分割合に基づいて受け渡しされて改定されるもの（Q6・24参照）ですから、合意がないのに合意されたとして改定された、あるいは合意と異なる決定がされたことは、標準報酬に関する処分ということができます。このような標準報酬などに関する処分に不服があるときの救済方法として、「審査請求」があります。すなわち、被保険者や年金受給権者が保険料や給付などの処分について不服があるときには、審査を請求して必要な権利、利益の救済を求めることができます。

　審査請求は2段階の手続が行えます。すなわち、①被保険者の資格、標準報酬または保険給付に関する処分について不服があるときは、社会保険審査官（厚生労働大臣が厚生労働省の職員のうちから任命します）に対して、再度審査してもらえるよう請求をすることができ、②その請求についての決定に不服があるときは、社会保険審査会（厚生労働大臣の所轄に置かれ、委員長および委員5人で組織されて、原則として委員長および委員のうちから、審査会が指名した3人で構成する合議体）に対して、さらに審査を求めること（再審査請求）ができます（厚生年金保険法90条1項）。

● 手　続

(1)　**審査請求**

　(A)　**審査の対象**

　審査の対象となる内容は、次の点に関する処分です。

99

① 被保険者資格
② 標準報酬
③ 保険給付
④ 保険料その他徴収金

(B) 申立ての方法

請求は、社会保険審査官に対して、文書または口頭で行います（ただし、④の保険料その他徴収金については、社会保険審査会に請求します（厚生年金保険法91条））。

(C) 請求の期間

請求は、処分のあったことを知った日の翌日から60日以内に行います（ただし、正当な理由により期間内に請求できなかった場合を除く）。

(2) 再審査請求

(A) 申立て方法

社会保険審査官のした審査請求の棄却の決定に不服があるとき、あるいは、審査請求をした日から60日以内に決定がないとき（この場合は、請求を棄却したものとみなします（厚生年金保険法90条2項））、社会保険審査会に対して再審査の請求をします。

(B) 請求の期間

再審査は、審査請求の決定書を受け取った日の翌日から60日以内に請求します。

● 不服申立て前置主義

行政事件訴訟法は、行政庁の処分について、審査請求ができる場合においても、直ちに取消訴訟を提起することができるとしています（行政事件訴訟法8条。自由選択主義）が、個別の法律で審査請求に対する裁決を経た後でなければ処分の取消しの訴えを提起することができないと定められているときには、審査請求を経ないで取消訴訟を提起することはできないとしています（同条1項ただし書）。これを審査請求前置主義（不服申立前置主義）といい

ます。

　標準報酬、被保険者の資格などに関する処分の取消しの訴えは、当該処分についての再審査請求または審査請求に対する社会保険審査会の裁決を経た後でなければ、提起することができない（厚生年金保険法91条の3）と規定され、「不服申立前置主義」がとられています。年金行政には、大量性、専門性、複雑性という特殊性があることから、まずは行政庁でその知識経験を生かした解決を図り、その後訴訟となったとしても、行政庁による事前の審理によって争点を整理しておくことができると考えられるからです。

● 訴えの提起

　年金訴訟では、取消訴訟、無効確認訴訟など種類がありますが、大半の年金訴訟は年金不支給の取消訴訟になるものと思われます。

　取消訴訟は、処分または裁決があったことを知った日から6カ月以内に（行政事件訴訟法14条1項）、国または地方公共団体を被告として（同法11条1項）、管轄の地方裁判所に訴状を提出して提起します。

〔図表26〕　審査請求の流れ

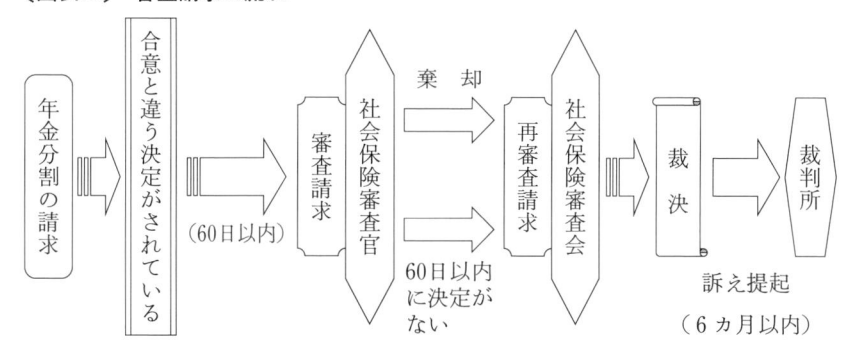

年金分割の請求 ⇒ 合意と違う決定がされている ⇒（60日以内）⇒ 審査請求 ⇒ 社会保険審査官 ⇒ 棄却／60日以内に決定がない ⇒ 再審査請求 ⇒ 社会保険審査会 ⇒ 裁決 ⇒ 訴え提起（6カ月以内）⇒ 裁判所

（Ⅰ担当・小磯　治）

II 合意分割ができる対象と期間

Q14 国民年金（基礎部分）と合意分割

> 夫は、個人で飲食店を経営し、私はいっしょに働いていました。二人とも厚生年金に加入したことはなく、国民年金に加入していましたが、私は一時期未納の期間がありました。このままでは私は年金を満額もらえませんが、離婚をすれば、夫が受給する年金の一部を私がもらえるのでしょうか。

A ● 年金（基礎部分）は分割の対象外

今回の合意分割の対象から、基礎年金部分である国民年金は外れています。分割は厚生年金（サラリーマンやOL）と共済年金が対象になります。ご相談のケースでは、夫婦はともに個人事業で飲食店を経営していましたので、厚生年金や共済年金には加入しておらず、国民年金の第1号被保険者に該当します。したがって、基礎年金部分である国民年金だけの加入となりますので、合意分割の対象から外れることになり、夫から妻への分割は行われないことになります。

〔図表27〕 夫婦ともに国民年金加入の場合

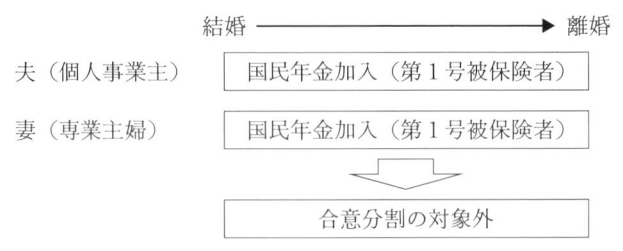

	結婚 ─────────→ 離婚
夫（個人事業主）	国民年金加入（第1号被保険者）
妻（専業主婦）	国民年金加入（第1号被保険者）
	↓
	合意分割の対象外

Q15　厚生年金と合意分割

> 夫は大学卒業後、A株式会社に会社員として勤務しています。私は、結婚前はOLでしたが、結婚後は専業主婦をしています。年金受給額を調査したところ、夫が私より、かなり多く厚生年金をもらうようです。離婚後は、夫の年金を私に分割できるでしょうか。

A

● 厚生年金は分割の対象

厚生年金は、合意分割の対象になります。ご質問のケースでは、夫は会社員として長期間勤務していますので、厚生年金に加入していることになります。したがって、妻が離婚した場合、夫の厚生年金の分割を受けることができます。分割を受けることができる対象期間は結婚してから離婚までの期間となります。

〔図表28〕　夫（厚生年金加入）、妻（専業主婦）の場合

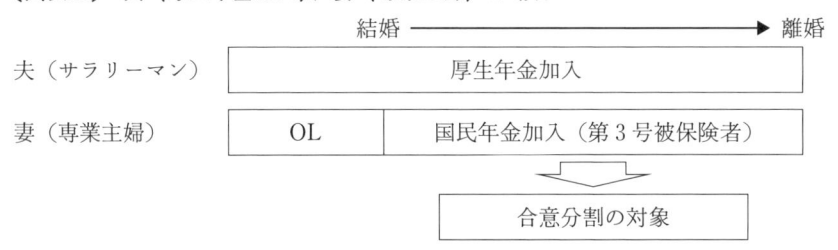

	結婚 → 離婚
夫（サラリーマン）	厚生年金加入
妻（専業主婦）	OL ／ 国民年金加入（第3号被保険者）

↓ 合意分割の対象

● 報酬比例部分のみが分割の対象

60歳代前半の厚生年金については、報酬比例部分と定額部分の年金が受給できます。しかし、今回の分割の対象は報酬比例部分のみが対象になり、定額部分は分割の対象外となります。なお、報酬比例部分と定額部分は生年月日に応じて段階的に支給開始時期が引き上げられています。

〔図表29〕 60歳代前半の報酬比例部分と定額部分の受給

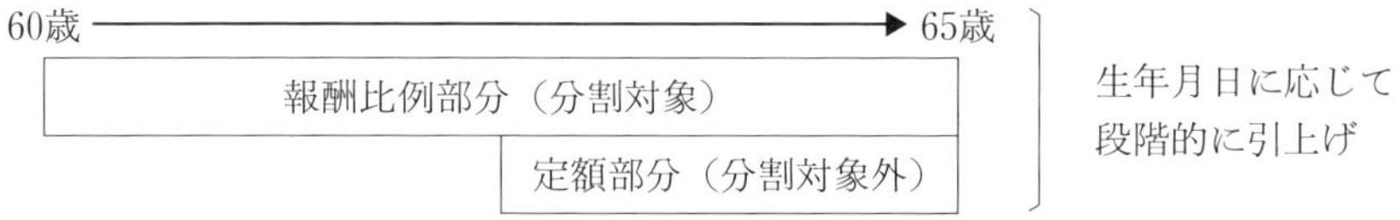

```
60歳 ─────────────────────→ 65歳  ┐
    │  報酬比例部分（分割対象）      │   生年月日に応じて
    └────────────────────────┘    段階的に引上げ
            │  定額部分（分割対象外）│
            └──────────────────┘  ┘
```

Q16 厚生年金基金と合意分割

夫の会社では厚生年金基金に加入していますが、厚生年金基金では報酬比例の代行部分と基金独自の上乗せ給付が支給されると聞いています。基金の代行部分と上乗せ給付の両方について合意分割を受けることができますか。

A ● 厚生年金基金は代行部分のみが分割の対象

厚生年金基金は、本来は国が支給する報酬比例部分の一部を、基金が代行して支給しています。また、基金では独自に上乗せ給付を加えて年金支給を行います。なお、基金の代行部分については、再評価およびスライド部分は含まれていません。再評価、スライド部分の給付は国から支給されることになります。

合意分割では、基金の代行部分は対象になりますが、上乗せ給付については対象になりません。ご質問のように基金の代行部分と加算部分の両方について年金分割を受けることはできず、代行部分だけが対象になります。

〔図表30〕 厚生年金基金における分割対象

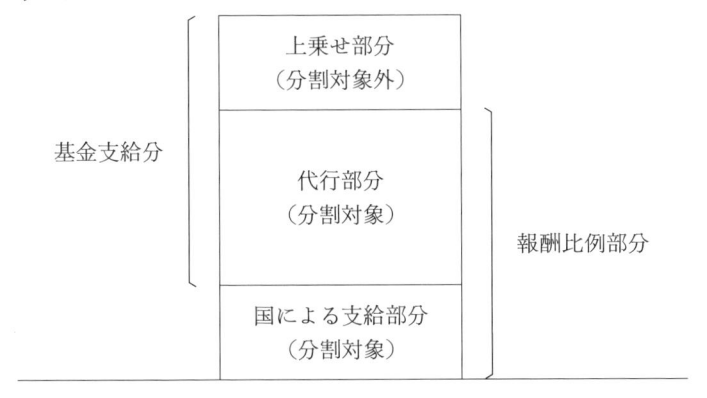

基金支給分	上乗せ部分（分割対象外）	
	代行部分（分割対象）	報酬比例部分
	国による支給部分（分割対象）	

105

Q17　共済年金と合意分割

夫は、国家公務員として共済年金に加入していました。私は結婚してから、専業主婦でいます。今、私が夫と離婚したら、合意分割は受けられるのでしょうか。分割されるとしたら、共済の職域部分も対象になりますか。

A　共済年金は分割の対象

共済年金は合意分割の対象になります。

共済年金には厚生年金と同様に報酬比例部分がありますので、その部分が分割の対象になります。また、共済年金は独自の上乗せ部分として職域部分がありますが、この職域部分も分割の対象になります。

なお、平成24年8月10日に成立しました「被用者年金制度の一元化等を図るための厚生年金保険法等の一部を改正する法律」に基づき、平成27年10月に職域部分は廃止される予定です。

〔図表31〕　共済年金の分割対象

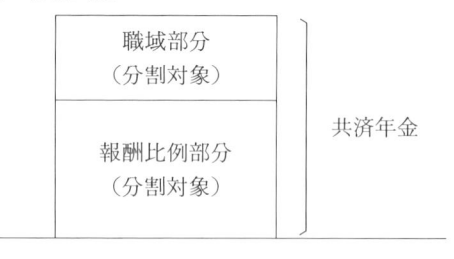

職域部分 （分割対象）	共済年金
報酬比例部分 （分割対象）	

共済年金と厚生年金の分割請求は別個独立

たとえば、夫が共済年金で妻が厚生年金の被保険者であった場合、共済年金と厚生年金それぞれ分割することが可能ですが、それぞれが別個独立して行われます。したがって、共済年金または厚生年金のみを分割することもできれば、共済年金と厚生年金の分割割合を変えることもできます。

Q18　夫がサラリーマンで妻が専業主婦

> 夫はＢ株式会社でサラリーマンをしており、私は専業主婦をしています。この場合、合意分割はできるそうですが、もし今離婚したら、合意分割はどのように行われるのでしょうか。私たち夫婦は結婚してから30年がたっています。私は、会社に勤めた経験はありません。

A　● 婚姻期間中の納付記録の一部を分割

合意分割は、夫婦が婚姻している期間における納付記録を分割することで行われます。この場合では、夫の納付記録を分割し、妻が一部を受け取ることになります。

〔図表32〕　婚姻期間中の納付記録の分割

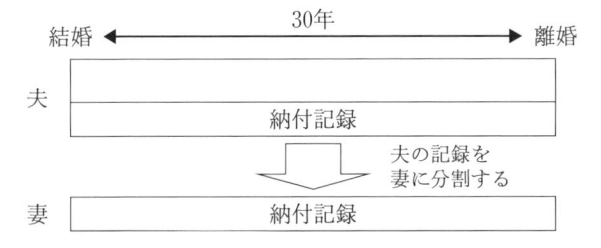

```
結婚 ←―――――30年―――――→ 離婚
夫  ┌──────────────────┐
    │       納付記録       │
    └──────────────────┘
           ↓ 夫の記録を
             妻に分割する
妻  ┌──────────────────┐
    │       納付記録       │
    └──────────────────┘
```

● 年金支給は、生年月日に応じて決定

分割された年金は、分割後すぐに支給されるわけではありません。厚生年金は、生年月日に応じて支給開始時期が決められています。したがって、分割された年金を妻が受け取る時期は、妻の生年月日に応じて決定されることになります。ただし65歳からの老齢厚生年金とは異なり、60歳代前半の特別支給の老齢厚生年金を受給するには、厚生年金の加入期間が１年以上は必要になります。この１年の要件には、後述する離婚時みなし被保険者期間（Q31）は含まれませんので注意が必要です。

Q19　夫も妻も厚生年金加入中

> 夫も私も会社員として働いています。先日、年金の見込み額を調査したところ、夫のほうが私よりも、かなり多く年金を受給できるようです。もし、離婚したとしたら、夫の年金から分割を受けることができるのでしょうか。

A　● 多いほうから少ないほうへの分割

妻が厚生年金に加入していたとしても、合意分割を受けることができます。具体的には、「Ⅲ　合意分割の計算方法と金額」で説明しますが、夫婦間で話し合って按分割合を決めて、〔図表33〕のように多いほうの標準報酬総額を少ないほうに与えることになります。したがって、妻が夫よりも標準報酬総額が少ない場合は、分割を受けることができます。

〔図表33〕　夫の標準報酬総額を分割し、妻に1,000万円を渡す場合

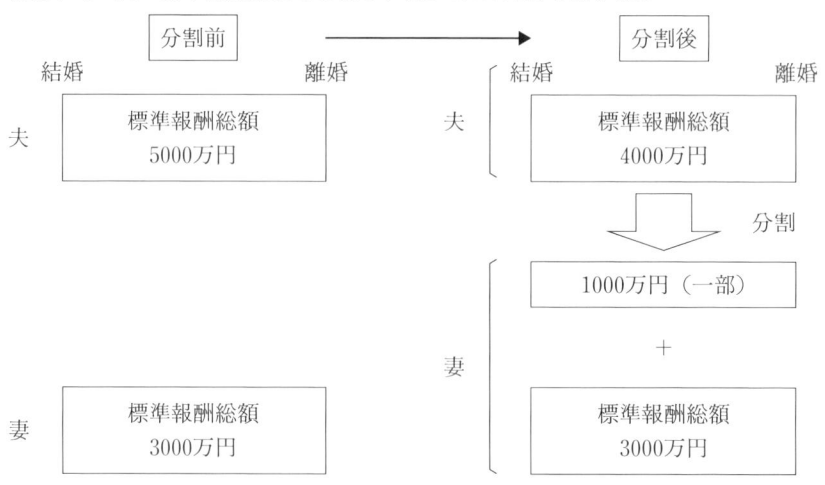

分割前

夫（結婚〜離婚）：標準報酬総額 5000万円
妻（結婚〜離婚）：標準報酬総額 3000万円

分割後

夫（結婚〜離婚）：標準報酬総額 4000万円

↓ 分割

妻：1000万円（一部）
　＋
　標準報酬総額 3000万円

Q20　夫が主夫で妻が厚生年金加入

　夫は、家で主夫をしており、家事に専念しています。私は、会社を経営しており、多くの収入を得ています。もし、私たちが離婚をした場合、私の厚生年金が分割されて、夫に移ることはあるのでしょうか。夫は、結婚後、第3号被保険者となっています。

A　　⮕　夫が主夫でも年金分割の対象

　合意分割は、Q19の質問と同様に、標準報酬総額の多いほうを分割し、少ないほうへ渡すことになっています。これは、性別で異なることはありません。したがって、ご質問のように夫が専業主夫で第3号被保険者に該当したとしても、合意分割の対象となります。

〔図表34〕　夫が専業主夫の場合

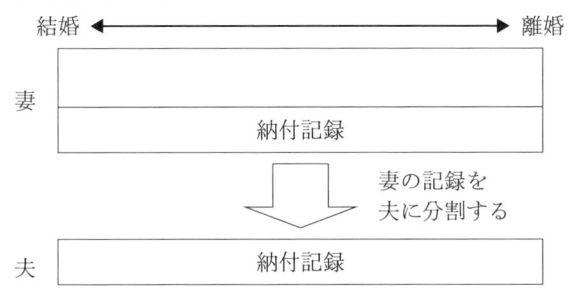

```
         結婚 ◀──────────────────────▶ 離婚
       ┌──────────────────────────────┐
   妻   │                              │
       ├──────────────────────────────┤
       │            納付記録            │
       └──────────────────────────────┘
                    ⬇            妻の記録を
                                 夫に分割する
       ┌──────────────────────────────┐
   夫   │            納付記録            │
       └──────────────────────────────┘
```

第4章　Q&A　実践　合意分割

Q21　夫がサラリーマンで受給資格がない妻

> 夫はサラリーマンで厚生年金に加入しています。私は個人事業を営んでおり、第1号被保険者として国民年金の保険料を支払うべきでしたが、滞納してしまいました。今後は受給資格を得ることはできない状況です。私は夫の厚生年金の分割を受けることはできますか。

A ● 受給資格がないと合意分割により、年金を受けられない

　年金分割を受ける場合は、国民年金だけの人であれば25年分保険料を納付する必要があります。厚生年金だけの人は、昭和27年4月1日以前の生まれであれば、20年分厚生年金保険料を納付することで受給資格が得られますが、生年月日に応じて、いずれは25年分納付する必要がでてきます。

　なお、「公的年金制度の財政基盤及び最低保障機能の強化等のための国民年金法等の一部を改正する法律」（平成24年8月10日成立）により、平成27年10月1日より年金の受給資格期間が10年に短縮される予定です。

　また、離婚時みなし被保険者期間の制度は、受給資格を満たした人が、年金の分割を受けた場合は、本来厚生年金に加入していない期間を被保険者として加入したものとみなす期間です。したがって、このみなし期間は、受給資格を判断するための期間ではありませんので、注意してください。

〔図表35〕　妻が受給資格を得ていない場合

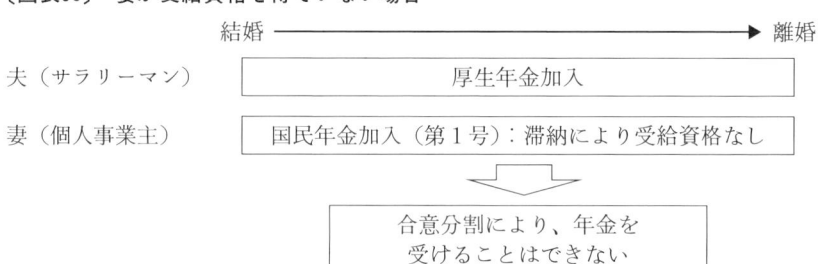

	結婚 ――――――――――――――――▶ 離婚
夫（サラリーマン）	厚生年金加入
妻（個人事業主）	国民年金加入（第1号）：滞納により受給資格なし

　　　　　　　　　　　　　↓
　　　　　合意分割により、年金を
　　　　　受けることはできない

Q22　年金分割制度施行前の離婚

> 私たち夫婦は、長年連れ添ってきましたが、平成18年12月に正式に離婚しました。平成19年より、合意分割が始まると聞きましたので、私も夫の年金を分割してもらい、少しでも年金を多く受給したいと考えていますが、それはできるのでしょうか。

A　→　制度施行前の離婚は合意分割の対象外

合意分割の対象となるのは、平成19年4月1日以降の離婚になります。これは、この制度が平成19年4月1日に施行されるからです。したがって、ご質問のように平成19年3月以前の離婚については、合意分割の対象になりません。

ただし、平成19年3月以前の離婚については、財産分与として受給した年金の一部を妻に分割する方法が考えられます。合意分割の制度では、分割された年金は、日本年金機構から支給されることになりますが、平成19年3月以前の離婚の財産分与では、別れた夫から分割された年金を受けるという点で違いがあります。

〔図表36〕　合意分割制度施行前後の扱い

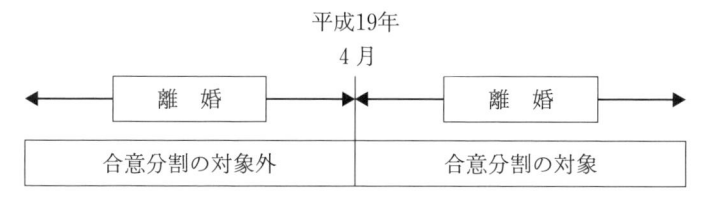

離　婚	離　婚
合意分割の対象外	合意分割の対象

平成19年4月

第4章　Q&A　実践　合意分割

Q23　合意分割の対象になる期間

> 夫は、22歳で大学を卒業してすぐに会社員になりました。私たち夫婦は夫が30歳、私が25歳のときに結婚しました。夫は60歳の定年まで勤務し続ければ、38年間厚生年金に加入することになります。離婚した場合、38年間が分割の対象になるのでしょうか。

● 合意分割の対象は婚姻期間

　離婚した場合、合意分割が可能な期間は婚姻期間になります。ご質問の場合ですと、夫が大学卒業してから結婚するまでの8年間については、分割の対象になりません。分割の対象になるのは、夫が60歳のときに離婚したと仮定すると、30歳から60歳までの30年間です。また、離婚した後の期間も合意分割の対象となる期間に含まれません。

　平成19年4月以降に離婚した場合は、平成19年3月以前の婚姻期間も分割の対象になります。

〔図表37〕　合意分割の対象になる期間

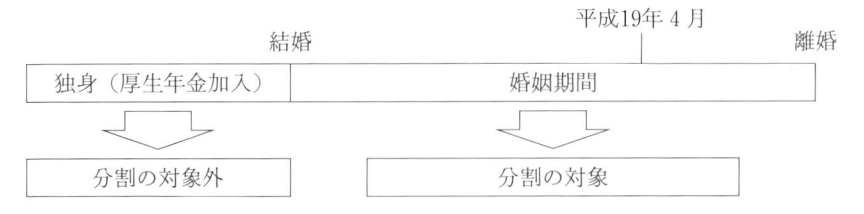

独身（厚生年金加入）	婚姻期間
↓	↓
分割の対象外	分割の対象

（結婚／平成19年4月／離婚）

● 年金を受給していても合意分割は可能

すでに年金を受給していても、合意分割を受けることはできます。この場合も同様に、婚姻期間が分割の対象期間になります。ただし、すでに受給した年金については、さかのぼって分割を受けられることはありません。

（Ⅱ担当・坂本直紀）

III 合意分割の計算方法と金額

Q24 合意分割の標準報酬改定のしくみと計算方法

> 合意分割により、夫の年金が分割されると聞いたのですが、実際の年金額が分割されると考えてよいのですか。

A

● 合意分割とは「保険料納付記録」の分割

平成19年4月から実施の「合意分割」は、離婚をする場合において、婚姻期間中の「保険料納付記録」を離婚当事者間で分割することができる制度です。これは、あくまでも記録を分割する制度であり、自動的に年金額が分割されるものではありません。

「保険料納付記録」とは、これまで支払ってきた厚生年金保険料の算定の基礎となった「標準報酬」(標準報酬月額と標準報酬賞与額)のことをいいます。この標準報酬を基礎として、年金額が計算されます。

さらに、離婚する当事者それぞれが婚姻期間中に支払った保険料納付記録を、再評価率をもって現在価値に換算した額の総額を「対象期間標準報酬総額」といいます(厚生年金保険法78条の3第1項)。合意分割は、この「対象期間標準報酬総額」を分割する制度です。

なお、「再評価率」とは、昔の標準報酬を現在の標準報酬に近づけるために用いる率で、被保険者であった期間(月数)と、生年月日に応じて定められています。この場合の再評価率は、対象期間の末日において適用される再評価率です。

● 標準報酬月額の改定のイメージ

標準報酬は、「第1号改定者」から「第2号改定者」へ分割されます。

「第1号改定者」とは標準報酬を多くもっている人であり、「第2号改定者」とは、標準報酬が少ない人です。たとえば、夫が会社員、妻が専業主婦で、夫の標準報酬が妻より多い場合、夫が第1号改定者、妻が第2号改定者となります。

婚姻期間（対象期間）中に、夫が厚生年金の被保険者であった期間の各月ごとに、夫の標準報酬月額と標準賞与額が一定割合で減額され、妻は一定の標準報酬月額と標準賞与額を夫から分割されます。例として、改定割合（Q26参照）を33.3％とした場合、〔図表38〕のように、夫の標準報酬月額と標準賞与額のうち、33.3％に相当する部分が分割され、妻は、その分だけ持分が増えることになります。

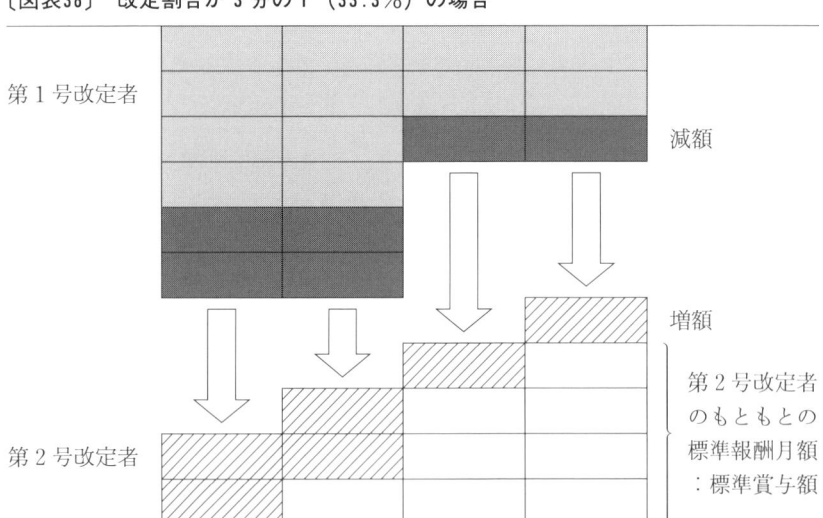

〔図表38〕 改定割合が3分の1（33.3％）の場合

● 標準報酬改定のしくみ（厚生年金保険法78条の6第1項・2項）

標準報酬は自動的に改定されるものではありません。まず、当事者間の合意または裁判等で按分割合（Q25参照）が決まると、標準報酬改定請求を提

出します。その後、厚生労働大臣が、この按分割合の数値を基に、改定割合（Q26参照）を算定し、第1号改定者が標準報酬月額、標準賞与額を有する対象期間の被保険者期間について、各月ごとに、当事者の標準報酬月額と標準賞与額を改定または決定します。標準報酬月額の改定式は以下のとおりで、標準賞与額についても同様の計算をします。

① 第1号改定者の改定後の標準報酬月額

標準報酬月額＝改定前の第1号改定者の標準報酬月額×（1－改定割合）

② 第2号改定者の改定後の標準報酬月額

標準報酬月額＝改定前の第2号改定者の標準報酬月額（標準報酬月額のない月は0）＋第1号改定者の改定前の標準報酬月額×改定割合

Q25 按分割合

標準報酬の分割とは、どのようにするのですか。また、どのような割合にでも分割できるのでしょうか。

● 按分割合とは

婚姻期間中の標準報酬を分割する割合は、離婚する当事者間の合意または裁判手続により定められた「按分割合」によって決められます。「按分割合」とは、当事者二人が婚姻期間中に、厚生年金に加入して得た標準報酬の合計額を分けるとき、分割を受ける側の標準報酬を結果的にどのくらいの割合にするかを示す数値です。

当事者が、この按分割合をもって、年金事務所に対して分割改定の請求をすることにより、婚姻期間における当事者それぞれの標準報酬が分割・改定されることになります（これを法律上「標準報酬分割改定」という）。離婚することにより、当事者それぞれの標準報酬が自動的に分割されるわけではありません。

● 第1号改定者と第2号改定者

標準報酬は、「第1号改定者」から「第2号改定者」へ分割されます。「第1号改定者」とは標準報酬を多くもっている人であり、「第2号改定者」とは、標準報酬が少ない人です。たとえば、夫がサラリーマン、妻が専業主婦で、夫の標準報酬が妻より多い場合、夫が第1号改定者、妻が第2号改定者となります。

● 請求可能な按分割合の範囲

按分割合は、当事者や裁判所が自由に定めることができるものではなく、法律でその上限・下限が定められています。その趣旨として、

① 分割によって、分割を受ける標準報酬総額の少ない側（第2号改定者）の元々の持分額より下回らないこと
② 分割によって、分割をされる標準報酬総額の多い側（第1号改定者）が分割を受けた側（第2号改定者）よりも標準報酬総額が少なくならないこと

との考え方により、按分割合の範囲が定められています。

具体的には、按分割合の上限を2分の1（50％）とし、その下限を当事者それぞれの対象期間標準報酬総額（Q24参照）を合計した額に対する分割を受ける側（第2号改定者）の分割前の対象期間標準報酬総額の割合としています（厚生年金保険法78条の3第1項）。

〔図表39〕 按分割合と範囲

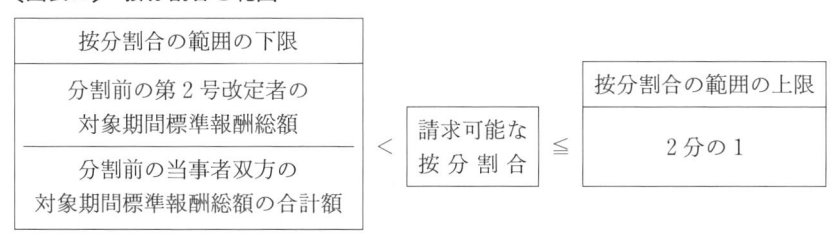

$$\frac{\text{分割前の第2号改定者の対象期間標準報酬総額}}{\text{分割前の当事者双方の対象期間標準報酬総額の合計額}} < \text{請求可能な按分割合} \leq \frac{1}{2}$$

（按分割合の範囲の下限 ＜ 請求可能な按分割合 ≦ 按分割合の範囲の上限 2分の1）

たとえば、〔図表40〕のように夫の標準報酬総額が7000万円、妻の標準報酬総額が3000万円の場合、按分割合の範囲の下限は、次の式で求められます。

　　按分割合の範囲の下限＝3,000万÷(7,000万＋3,000万)＝0.3

この場合、按分割合の範囲は、「30％を超え、50％以下」となり、この範囲内で定めることとなります。

〔図表40〕 按分割合ができる範囲のイメージ

第1号改定者(夫)		第2号改定者(妻)
	按分割合範囲	
7,000万円	50%（上限）　　30%（下限）	3,000万円

117

請求すべき按分割合

按分割合の範囲内で、当事者間の合意または裁判手続により定められた按分割合が、標準報酬改定請求をする際必要な「請求すべき按分割合」となります。その具体的な計算式は以下のとおりです。

$$\frac{分割改定後の第2号改定者の対象期間標準報酬総額}{当事者2人の対象期間標準報酬総額の合計額}=請求すべき按分割合$$

Q26　改定割合

年金事務所に、按分割合をもって分割改定の請求をした場合の、標準報酬の改定方法を教えてください。

改定割合とは

按分割合をもって分割改定の請求があった場合、年金事務所は、按分割合から算定される「改定割合」を計算の基礎として、対象となる期間の標準報酬の分割を行います。「改定割合」は、按分割合に沿って標準報酬を改定するための計算式であり技術的なものです。したがって、按分割合のように当事者で協議する必要はありません。

改定割合の計算方法

改定割合は、分割改定の結果、分割を受ける側である第2号改定者の持分が按分割合のとおりになるよう算出される、当事者それぞれの対象期間標準報酬総額に対する割合のことです。具体的な改定割合の計算式は以下のとおりです（厚生年金保険法施行規則78条の9）。

$$改定割合 = \frac{按分割合 - 第2号対標総額^{*1} \div 第1号対標総額^{*2} \times (1 - 按分割合)}{按分割合 - 按分割合 \times 変換率 + 変換率}$$

$$変換率 = \frac{第1号対標総額(\leftarrow 第2号改定者の再評価率で再評価したもの)}{第1号対標総額}$$

＊1　第2号改定者の対象期間標準報酬総額
＊2　第1号改定者の対象期間標準報酬総額

対象期間標準報酬総額を計算する際、昔の標準報酬を現在の標準報酬に近づけるために、再評価率をかけます（Q24参照）。「変換率」とは、この再評価率が、第1号改定者と第2号改定者のそれぞれで異なる場合に、それを考慮するための率です。当事者それぞれの再評価率が異なる場合、再評価率の

第4章　Q&A　実践　合意分割

値の高低により標準報酬総額の数値が変わるため、再評価率が高いというだけで、標準報酬総額の数値が高くなるなどの事態が生じないようにしているのです。公平性の観点から、その分を割り引くため、上記の計算による変換率を用いているものと考えられます。

また、第1号改定者と第2号改定者の再評価率が同じ場合は、変換率は「1」となりますので、下記のように簡略化することができます。

改定割合＝按分割合－第2号対標総額÷第1号対標総額×（1－按分割合）

なお、①当事者二人とも68歳到達年度前の場合、②当事者二人が同一年度に生まれている場合のいずれかに該当すると、再評価率は同じになるので、上記計算式で改定割合を算出することができます。

改定割合の具体例

夫の標準報酬総額が8000万円、妻の標準報酬総額が2000万円のケースで、再評価率が同じであり、「請求すべき按分割合」は30％とした場合で検討します。

〔図表41〕　夫の標準報酬総額8000万円、妻2000万円、按分割合30％のケース

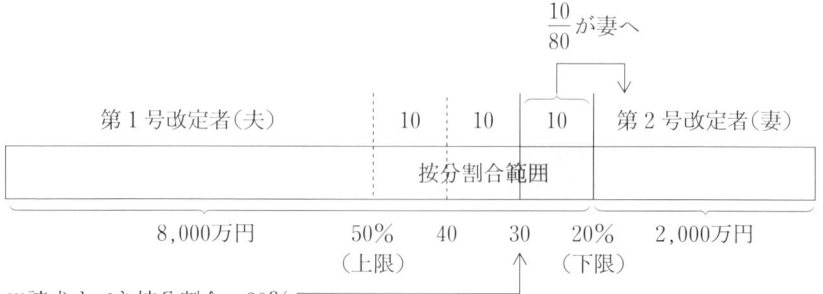

第1号改定者（夫）	10	10	10	第2号改定者（妻）
8,000万円	50%（上限） 40	30 ↑	20%（下限）	2,000万円

$\dfrac{10}{80}$が妻へ

按分割合範囲

※請求すべき按分割合＝30％

この例で、妻は夫の標準報酬の80分の10をもらいます。つまり、「10÷80＝0.125」の割合の標準報酬が、妻に移動するというイメージになります。計算式に当てはめると、次のとおり改定割合は、0.125（12.5％）となります。

120

$0.3-2,000万÷8,000万×(1-0.3)=0.125$

　さらに、当事者ごとの標準報酬総額を、夫は〔改定前の第1号改定者の標準報酬総額×(1-改定割合)〕、妻は〔改定前の第2号改定者の標準報酬総額+第1号改定者の改定前の標準報酬総額×改定割合〕に当てはめて計算すると、以下のようになります（Q24の標準報酬月額の改定式を総額で計算）。

　改定後の夫の標準報酬総額→$8,000万×(1-0.125)=7,000万$

　改定後の妻の標準報酬総額→$2,000万+8,000万×0.125=3,000万$

Q27　分割される年金額の計算

> 夫との離婚を考えているのですが、合意分割をすると、どのくらいの年金額がもらえるのでしょうか。また、もらえる最大額と、どのような場合にその額をもらえるのかを教えてください。
>
> | | 第1号改定者(夫) | 第2号改定者(妻) |
> |---|---|---|
> | 対象期間標準報酬総額 | 8,000万円 | 2,000万円 |
> | 生年月日 | 昭和23年5月 | 昭和25年9月 |

A　　対象期間標準報酬総額の計算

対象期間標準報酬総額は、離婚する当事者それぞれが婚姻期間中に支払った保険料納付記録を再評価率をもって現在価値に換算した額の総額のことです（Q24参照）。この対象期間標準報酬総額は、平成15年3月以前の分については各月の標準報酬月額を1.3倍にした額に、平成15年4月以降は標準報酬月額と標準賞与額に、それぞれ再評価率をかけた額の総額です（国民年金法施行令等の一部を改正する政令平成19年2月21日政令第27号）。これは、平成15年4月以降は、総報酬制により、賞与が標準報酬総額に反映されていますので、平成15年3月以前の額をこれに合わせて調整するため、1.3倍するものと考えられます。まとめると、以下の式となり、①と②の合計額が対象期間標準報酬総額となります。

対象期間標準報酬総額＝①＋②

【平成15年3月までの被保険者期間分】

① 再評価後の各月の標準報酬月額の総額×1.3

【平成15年4月以降の被保険者期間分】

② 再評価後の各月の標準報酬月額と標準賞与額の総額

※再評価は対象期間の末日において適用される再評価率を使用

❷ 報酬比例部分の年金額の計算

　平成15年4月からの「総報酬制」の導入により、報酬比例部分の年金額にも「総報酬」を反映させることになりました。平成15年3月以前の分については月例給与をベースとする「平均標準報酬月額」をもとに計算し、平成15年4月以降の期間については年間賞与の月割相当額を加えた「総報酬」をベースにする「平均標準総報酬額」で計算されます。この計算式は以下の式となり、③と④の合計額が、報酬比例部分の年金額となります。

報酬比例部分の年金額＝③＋④

【平成15年3月までの被保険者期間分】

　③　平均標準報酬月額×平成15年3月までの加入月数

　　　$\times \dfrac{\text{総報酬制導入前の乗率(旧水準)}}{1000}$

　　※乗率は、〔表42〕の厚生年金の給付乗率表から平成15年3月以前の乗率の旧水準を使用

【平成15年4月以降の被保険者期間分】

　④　平均標準報酬額×平成15年4月以降の加入月数

　　　$\times \dfrac{\text{総報酬制導入後の乗率(旧水準)}}{1000}$

　　※乗率は、〔表42〕の厚生年金の給付乗率から平成15年4月以降の乗率の旧水準を使用

〔図表42〕 厚生年金の給付乗率と定額単価

生年月日	定額部分の定額単価		上限	報酬比例部分の給付乗率			
				平成15年3月以前の乗率 1000分の		平成15年4月以降の乗率 1000分の	
				旧水準	新水準	旧水準	新水準
大正15.4.2～昭和2.4.1	1,676円×1.875		420	10.00	9.500	7.692	7.308
昭和2.4.2～昭和3.4.1	〃 〃	1.817	〃	9.86	9.367	7.585	7.205
昭和3.4.2～昭和4.4.1	〃 〃	1.761	〃	9.72	9.234	7.477	7.103
昭和4.4.2～昭和5.4.1	〃 〃	1.707	432	9.58	9.101	7.369	7.001
昭和5.4.2～昭和6.4.1	〃 〃	1.654	〃	9.44	8.968	7.262	6.898
昭和6.4.2～昭和7.4.1	〃 〃	1.603	〃	9.31	8.845	7.162	6.804
昭和7.4.2～昭和8.4.1	〃 〃	1.553	〃	9.17	8.712	7.054	6.702
昭和8.4.2～昭和9.4.1	〃 〃	1.505	〃	9.04	8.588	6.954	6.606
昭和9.4.2～昭和10.4.1	〃 〃	1.458	444	8.91	8.465	6.854	6.512
昭和10.4.2～昭和11.4.1	〃 〃	1.413	〃	8.79	8.351	6.762	6.424
昭和11.4.2～昭和12.4.1	〃 〃	1.369	〃	8.66	8.227	6.662	6.328
昭和12.4.2～昭和13.4.1	〃 〃	1.327	〃	8.54	8.113	6.569	6.241
昭和13.4.2～昭和14.4.1	〃 〃	1.286	〃	8.41	7.990	6.469	6.146
昭和14.4.2～昭和15.4.1	〃 〃	1.246	〃	8.29	7.876	6.377	6.058
昭和15.4.2～昭和16.4.1	〃 〃	1.208	〃	8.18	7.771	6.292	5.978
昭和16.4.2～昭和17.4.1	〃 〃	1.170	〃	8.06	7.657	6.200	5.890
昭和17.4.2～昭和18.4.1	〃 〃	1.134	〃	7.94	7.543	6.108	5.802
昭和18.4.2～昭和19.4.1	〃 〃	1.099	〃	7.83	7.439	6.023	5.722
昭和19.4.2～昭和20.4.1	〃 〃	1.065	456	7.72	7.334	5.938	5.642
昭和20.4.2～昭和21.4.1	〃 〃	1.032	468	7.61	7.230	5.854	5.562
昭和21.4.2以降	〃 〃	1.000	480	7.50	7.125	5.769	5.481

＊定額部分の上限とは、加入月数の上限をいいます

III 合意分割の計算方法と金額

🔴 対象期間標準報酬総額を用いた報酬比例部分の年金額の計算

(1) 平成15年3月までの被保険者期間分

119頁③の平均標準報酬月額は、再評価後の標準報酬月額の合計を、平成15年3月までの被保険者期間の月数で割って得た額をいいます。よって、下記の式に置き換えられます。

$$\text{平均標準報酬月額} = \frac{\text{再評価後の各月の標準報酬月額の合計}}{\text{平成15年3月までの加入月数}}$$

また、給付乗率は、〔図表42〕のとおり、平成15年4月以降を1とすれば、平成15年3月までは1.3の関係で定められています。たとえば昭和21年4月2日以降の給付水準7.5を5.769で割ると、1.3となります。よって、下記の式に置き換えられます。

$$\frac{\text{総報酬制導入後の乗率}}{1,000} \times 1.3$$

これを、③に当てはめていくと、次のようにまとめることができます。

【平成15年3月までの被保険者期間分】

$$\begin{aligned}
③ \quad & \text{平均標準報酬月額} \times \text{平成15年3月までの加入月数} \times \frac{\text{総報酬制導入前の乗率}}{1,000} \\
= & \frac{\text{再評価後の各月の標準報酬月額の総額}}{\text{平成15年3月までの加入月数}} \times \text{平成15年3月までの加入月数} \times \frac{\text{総報酬制導入後の乗率}}{1,000} \times 1.3 \\
= & \boxed{\text{再評価後の各月の標準報酬月額の総額}} \times 1.3 \times \frac{\text{総報酬制導入後の乗率}}{1,000} \\
= & \boxed{\text{対象期間標準報酬総額①}} \times \frac{\text{総報酬制導入後の乗率}}{1,000} \Biggr\} \cdots \boxed{\text{I}}
\end{aligned}$$

※「平成15年3月までの加入月数」は分母と分子で約分をし、簡略化されます。

(2) 平成15年4月以降の被保険者期間分

119頁④の平均標準報酬額は、再評価後の標準報酬月額と標準賞与額の合計を、平成15年4月以降の被保険者期間の月数で割って得た額をいいます。よって、下記の式に置き換えられます。

$$\text{平均標準報酬額} = \frac{\text{再評価後の各月の標準報酬月額と標準賞与額の合計}}{\text{平成15年4月以降の加入月数}}$$

これを、④に当てはめていくと、次のようにまとめることができます。

【平成15年4月以降の被保険者期間分】

$$\begin{aligned}
④ \quad & \text{平均標準報酬額} \times \text{平成15年4月以降の加入月数} \times \frac{\text{総報酬制導入後の乗率}}{1,000} \\
= & \frac{\text{再評価後の各月の標準報酬月額と標準賞与額の総額}}{\text{平成15年4月以降の加入月数}} \times \text{平成15年4月以降の加入月数} \times \frac{\text{総報酬制導入後の乗率}}{1,000} \\
= & \boxed{\text{再評価後の各月の標準報酬月額と標準賞与額の総額}} \times \frac{\text{総報酬制導入後の乗率}}{1,000} \\
= & \boxed{\text{対象期間標準報酬総額②}} \times \frac{\text{総報酬制導入後の乗率}}{1,000} \quad \cdots \text{II}
\end{aligned}$$

※「平成15年4月以降の加入月数」は分母と分子で約分をし、簡略化されます。

(3) 報酬比例部分の年金額の計算

報酬比例部分は、上記IとIIの合計額となるので、下記の式になります。

$$\begin{aligned}
\text{報酬比例部分の年金額} &= \text{I} + \text{II} \\
&= ① \times \frac{\text{総報酬制導入後の乗率}}{1,000} + ② \times \frac{\text{総報酬制導入後の乗率}}{1,000} \\
&= (① + ②) \times \frac{\text{総報酬制導入後の乗率}}{1,000}
\end{aligned}$$

①+②は、118頁記載のとおり、全婚姻期間の対象期間標準報酬総額となるので、次の式にまとめられます。

【対象期間標準報酬総額を用いた報酬比例部分の年金額;従前額保障の場合】

$$\text{対象期間標準報酬総額} \times \frac{\text{総報酬制導入後の給付乗率}}{1,000} \times 1.031 \times 0.978$$

＊1.031と0.978は物価スライドに関する数値で平成25年度のものです。

(参照：㈱マネーマーケット社「年金分割」)

⮕ 事例による報酬比例部分の年金額の計算

ご質問の場合の按分割合の範囲は、20％＜X≦50％です。よって、最大額をもらえる場合は、按分割合が最高の50％の場合となります。これを、計算すると、下記のようになります。なお、円未満の端数は四捨五入します。

① 合意分割前の夫の報酬比例部分の年金額の計算

$$8,000万 \times \frac{5.769}{1,000} \times 1.031 \times 0.978 = \underline{465,359円}$$

② 合意分割後の夫の報酬比例部分の年金額の計算（按分割合は50％）

$$(8,000万 + 2,000万) \times (1 - 0.5) \times \frac{5.769}{1,000} \times 1.031 \times 0.978 = \underline{290,849円}$$

※ここでは、174,510円（465,359−290,849）が妻へ移行する額として試算します。本来は改定割合等を用いて、標準報酬月額の改定をします。

③ 合意分割前の妻の報酬比例部分の年金額の計算

$$2,000万 \times \frac{5.769}{1,000} \times 1.031 \times 0.978 = \underline{116,340円}$$

④ 合意分割後の妻の報酬比例部分の年金額の計算（按分割合は50％）

$$2,000万 \times \frac{5.769}{1,000} \times 1.031 \times 0.978 + 174,510 = \underline{290,850円}$$

合意分割をすると、年金額にして、最大で174,510円が妻へ移行します。ただし、この例の場合、二人とも昭和21年4月2日以降生まれですので、給付乗率が同率となるためこの額となりますが、給付乗率が異なる場合は額が変わってきます。

⮕ 按分割合が50％になる場合

当事者間の協議などで按分割合を定める場合は、双方の合意によります（裁判手続により按分割合を定める場合はQ39参照）。したがって、50％で合意する場合もあれば、それより低い数値であっても双方が合意のもとであれば、

低い数値で定めることもあり得ます。当事者間の協議の場合は、今後の生活のことなどを慎重に考えて合意することが必要です。

Q28　合意分割をした場合としない場合の年金額

夫との離婚を考えているのですが、まだ踏ん切りがつきません。法改正で、離婚をした場合は、夫の年金が分割されるそうですが、離婚したら、年金額はどのように変わるのでしょうか。

	第1号改定者(夫)	第2号改定者(妻)
対象期間標準報酬総額	8,000万円	2,000万円
生年月日	昭和23年5月	昭和25年9月
勤務年数	37年(444月)	10年(120月)
婚姻期間	27年(324月)（昭和55年4月1日結婚)	

※妻は退社後国民年金に任意加入、昭和61年4月以降は第3号被保険者

◆ 合意分割した場合としない場合の比較

合意分割した場合、夫婦間において、年金額がどれくらい変わるのかを、上記の事例で検討してみましょう。按分割合は50％として、平成19年4月1日時点で想定される概算年金額で行います。

〔図表43〕 合意分割のイメージ（設例の夫婦の場合）

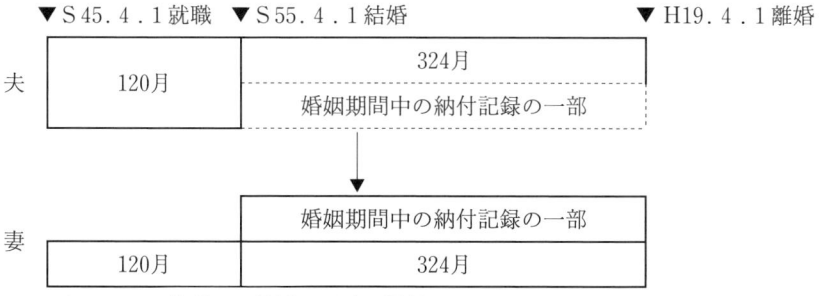

▼S45.4.1就職　▼S55.4.1結婚　　　　　　　　　▼H19.4.1離婚

夫 | 120月 | 324月 |
　　　　　　　　婚姻期間中の納付記録の一部

妻 | 120月 | 324月 |
　　　　　　　　婚姻期間中の納付記録の一部

▲S45.4.1就職　▲結婚と同時に退社

129

【計算式（年額の場合）】

※本稿においては、従前額保障の場合として、旧水準を使用し、年額での計算をしています。

① 報酬比例部分

対象期間標準報酬総額 $\times \dfrac{総報酬制導入後の給付乗率（旧水準）}{1,000}$（注1）

$\times 1.031 \times 0.978$

注(1) 総報酬制導入後の給付乗率（旧水準）は、昭和21年4月2日以降生まれは5.769（本章Q27参照）です。

② 定額部分

1,676円（注2）×加入月数×0.978

注(2) 生年月日に応じて額が定められており、1,676円は昭和21年4月1日以降生まれの額です。

③ 加給年金（特別加算を含む）

393,200円（注3）

注(3) 受給権者の生年月日によって定められており、393,200円は昭和18年4月2日以降生まれの場合で特別加算を含んだ額です。厚生年金に原則として20年以上加入し、受給権者によって生計を維持される配偶者（年収850万円未満で65歳未満）がいれば、受給権者に支給されます。ただし、その配偶者が65歳になって国民年金を受けられるようになると支給停止となります。

④ 老齢基礎年金（65歳支給）

786,500（注4）×保険料納付済期間の月数等÷480＝老齢基礎年金額

注(4) 20歳～60歳未満の40年間（480月）の保険料納付実績に応じて計算されます。平成25年度は786,500円が満額の受給額となります。

⑤ 差額加算（65歳支給）

定額部分－厚生年金加入期間中に該当する老齢基礎年金
＝差額加算（注5）

注(5) 定額部分と老齢基礎年金の差額分を補填する趣旨の加算です。ここでの計算方法は、定額部分から厚生年金加入期間中に該当する老齢基礎年金を差引くことで算出します。ご質問の場合は120月となります。

⑥ 振替加算（65歳支給）（注6）

81,500円

注(6) ③の「加給年金」は、配偶者が65歳になって国民年金を受けられるようになると妻に振り替えられます。これを「振替加算」といい、配偶者が65歳になると、配偶者が受け取る老齢基礎年金に振り替えて支給するというもので、額は生年月日によって定められています。81,500円は昭和25年4月2日〜昭和26年4月1日生まれの場合の額です。配偶者が65歳になって振替加算が支給されると、それ以降離婚しても支給はなくなりませんが、配偶者が離婚時みなし被保険者期間を含め、20年以上になった厚生年金を受けられるときは、そのときから支給されなくなります。

⮕ 合意分割をしない場合

　この例の場合、昭和23年5月生まれの夫は、報酬比例部分が60歳、定額部分・加給年金が64歳から、昭和25年9月生まれの妻は、報酬比例部分が60歳から、定額部分が63歳から支給されます。そして、65歳からは老齢基礎年金が支給されます。

(1) 夫の年金額

① 報酬比例部分（60歳支給）

$$8,000万 \times \frac{5.769}{1,000} \times 1.031 \times 0.978 = \underline{465,359円}$$

② 定額部分（64歳支給）

$1,676 \times 444 \times 0.978 = \underline{727,773円}$

③ 加給年金（夫が64歳より支給、妻が65歳まで支給）

$\underline{393,200円}$

④　老齢基礎年金額（65歳支給）

786,500×444÷480＝727,513円→727,500円（100円未満四捨五入）

⑤　差額加算（65歳支給）

727,773－727,513＝260円

(2)　**妻の年金額**

①　報酬比例部分（60歳支給）

$2,000万 \times \dfrac{5.769}{1,000} \times 1.031 \times 0.978 = \underline{116,340円}$

②　定額部分（63歳支給）

$1,676 \times 120 \times 0.978 = \underline{196,695円}$

③　老齢基礎年金額（65歳支給）

786,500×444÷480＝727,513円→727,500円

④　差額加算（65歳支給）

$196,695 - 786,500 \times \dfrac{120}{480} = \underline{70円}$

⑤　振替加算（65歳支給）

81,500円

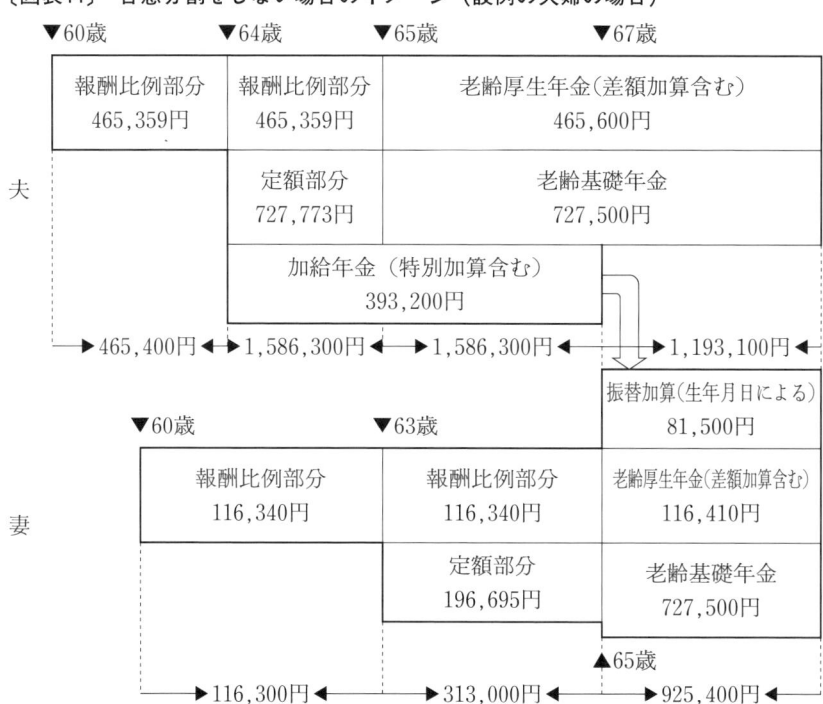

Ⅲ 合意分割の計算方法と金額

〔図表44〕 合意分割をしない場合のイメージ（設例の夫婦の場合）

夫
▼60歳　▼64歳　▼65歳　▼67歳
報酬比例部分 465,359円 ／ 報酬比例部分 465,359円 ／ 老齢厚生年金（差額加算含む） 465,600円
定額部分 727,773円 ／ 老齢基礎年金 727,500円
加給年金（特別加算含む） 393,200円
→465,400円← →1,586,300円← →1,586,300円← →1,193,100円←

妻
振替加算（生年月日による） 81,500円
▼60歳　▼63歳
報酬比例部分 116,340円 ／ 報酬比例部分 116,340円 ／ 老齢厚生年金（差額加算含む） 116,410円
定額部分 196,695円 ／ 老齢基礎年金 727,500円
▲65歳
→116,300円← →313,000円← →925,400円←

◯ 合意分割をする場合

(1) 夫の年金額

上記のうち、夫の報酬比例部分が、下記の額となります。

$$(8{,}000万＋2{,}000万)×(1－0.5)×\frac{5.769}{1{,}000}×1.031×0.978＝\underline{290{,}849円}$$

※ここでは、174,510円（465,359－290,849）が妻へ移行する額として試算します。本来は改定割合等を用いて標準報酬月額の改定をします。

(2) 妻の年金額

上記のうち、妻の報酬比例部分が、下記の額となります。

$$2{,}000万×\frac{5.769}{1{,}000}×1.031×0.978＋174{,}510＝\underline{290{,}850円}$$

133

第4章 Q&A 実践 合意分割

● 合意分割した場合としない場合の年金額の違い

「合意分割しない場合」、「妻が65歳までに離婚し、合意分割した場合」、「妻が65歳以降に離婚し、合意分割した場合」で、どれくらい年金額に違いがあるのか、〔図表45〕で比較してみました。

網かけの枠の部分をみると、夫は加給年金が影響して、合意分割により約57万円減少しましたが、妻が増加したのは約17万円になります。しかし、この表においては、思ったよりも年金は増えないということが理解できるのではないでしょうか。

〔図表45〕 合意分割をした場合としない場合の年金額の比較

(単位：円)

			合意分割しない場合		妻が65歳までに離婚し、合意分割した場合		妻が65歳以降に離婚し、合意分割した場合	
			夫:65歳 妻:63歳	夫:67歳 妻:65歳	分割後 夫:65歳 妻:63歳	分割後 夫:67歳 妻:65歳	夫:65歳 妻:63歳	分割後 夫:67歳 妻:65歳
夫	老齢厚生年金	報酬比例	465,359	465,359	290,849	290,849	465,359	290,849
		定額	0	0	0	0	0	0
		加給	393,200	0	0	0	393,200	0
		差額加算	260	260	260	260	260	260
		合計	858,800	465,600	291,100	291,100	858,800	291,100
	老齢基礎年金		727,500	727,500	727,500	727,500	727,500	727,500
	合計		1,586,300	1,193,100	1,018,600	1,018,600	1,586,300	1,018,600
妻	老齢厚生年金	報酬比例	116,340	116,340	290,850	290,850	116,340	290,850
		定額	196,695	0	196,695	0	196,695	0
		加給	0	0	0	0	0	0
		差額加算	0	70	0	70	0	70
		合計	313,000	116,400	487,545	290,900	313,000	290,900
	老齢基礎年金		0	727,500	0	727,500	0	727,500
	振替加算		0	81,500	0	0	0	0
	合計		313,000	925,400	487,500	1,018,400	313,000	1,018,400

※離婚時の年金額で計算

Q29　年金分割後の死亡

> 私は先日、夫と離婚し年金分割を受けました。もし、夫が死亡したら、分割を受けた私の年金はその影響を受けるのでしょうか。また、私が死亡した場合に、私の年金はどのようになるのでしょうか。

A

● 配偶者が死亡した場合

分割後の標準報酬は、分割後の当事者それぞれに分割されており、二人はそれぞれの標準報酬に基づいて年金を受給します。したがって、分割後に片方の配偶者が亡くなったとしても、分割後の年金額は生前と変わりません。

ご質問の場合、夫が死亡しても、妻の年金額は分割後の額から変わることはありません。

● 死亡した本人の年金はどうなるのか

厚生年金に加入していた者が死亡すると、支給要件に該当した場合に、生計を維持されていた一定の遺族に対し、遺族厚生年金が支給されます（第3章Ⅶ参照）。離婚により、年金分割を行った当事者の年金についても、支給要件などを満たしていれば、遺族厚生年金が遺族に支給されます。ただし、年金分割により、分割された側は分割された分を除いた標準報酬に基づいて遺族厚生年金の計算をします。反対に、厚生年金の分割を受けた側は分割を受けた標準報酬に基づいて計算します。

ご質問の場合、支給要件を満たし、妻側に受給できる遺族がいる場合、夫から妻に分割された標準報酬を含めて計算された遺族厚生年金が支給されることになります。

Q30 年金分割後の再婚

> 私は先日、妻と離婚し年金分割をされました。もし、別の相手と再婚したとしても、分割をされた私の年金はそのままの額なのでしょうか。

A ● 分割後の年金額は変わらない

　分割後の標準報酬は、分割後の当事者それぞれに分割されており、二人はそれぞれの標準報酬に基づいて年金を受給します。したがって、分割後に片方の配偶者が再婚したとしても、分割後の年金額は再婚前と変わりません。

　ご質問の場合、夫が再婚しても夫の年金額は、分割後のそのままの額です。同様に、離婚した妻が、別の相手と再婚したとても、妻の年金額も分割後の額そのままで、減ることはありません。

（III担当・深津伸子）

Ⅳ 合意分割に影響を与える「離婚時みなし被保険者期間」とは

Q31　分割された年金を受給できない場合

離婚によって年金を分割した場合の、離婚時みなし被保険者期間とはどういう期間ですか。また、年金自体をもらえない場合があると聞きましたが、それはどんなときですか。

A

● 離婚時みなし被保険者期間

離婚時みなし被保険者期間とは、対象期間のうちで第1号改定者（夫）の厚生年金の被保険者期間であって、第2号改定者（妻）の厚生年金の被保険者期間でない期間のことをいい、その期間は第2号改定者（妻）の被保険者期間であったものとみなされます（厚生年金保険法78条の10・78条の11）。原則、この期間は厚生年金の年金額を計算する際、その計算の基礎となる期間に算入されますが、「厚生年金の被保険者であった者」とみなされるわけではないため、受給権が発生しない場合があります。

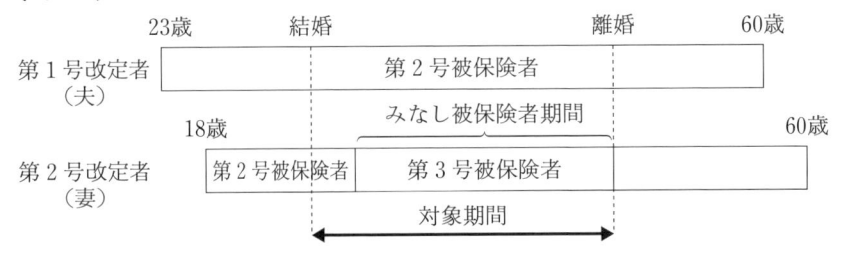

〔図表46〕　離婚時みなし被保険者期間のイメージ

	23歳	結婚		離婚	60歳
第1号改定者（夫）		第2号被保険者			
		18歳	みなし被保険者期間		60歳
第2号改定者（妻）		第2号被保険者	第3号被保険者		
			対象期間		

● 受給資格期間には算入されない

　離婚時みなし被保険者期間は、年金を受給するための受給資格期間（保険料納付済期間、保険料免除期間、合算対象期間の合計が原則25年以上）には算入されず、自分自身の保険料納付済期間等が、25年以上ないと受給権が発生せず、離婚時に分割をしても年金はもらえません。

〔図表47〕　離婚時みなし被保険者期間と受給資格期間

	23歳	結婚		離婚	60歳
第1号改定者（夫）		第2号被保険者			
	18歳		みなし被保険者期間		60歳
第2号改定者（妻）	第2号被保険者	第3号被保険者		未加入	
	10年	14年			

※上記図47の場合自分自身の保険料納付済期間等が25年に満たないため、受給権が発生せず年金を受給できない。
※上記以外、たとえば離婚時みなし被保険者期間中に国民年金の未納期間がある場合、その期間は受給資格期間に算入されず、結果第2号改定者に受給権自体が発生しない場合等が考えられる。

● 老齢厚生年金の受給資格期間に算入されない

　特別支給の老齢厚生年金の受給資格期間（保険料納付済期間等を合わせて25年以上で厚生年金の被保険者期間が1年以上あること）の計算の基礎となる期間には離婚時みなし被保険者期間は、算入されません。つまり第2号改定者（妻）は自分自身の厚生年金加入期間が1年以上ないと、特別支給の老齢厚生年金を受給できないことになります。

〔図表48〕 離婚時みなし被保険者期間と老齢厚生年金の関係

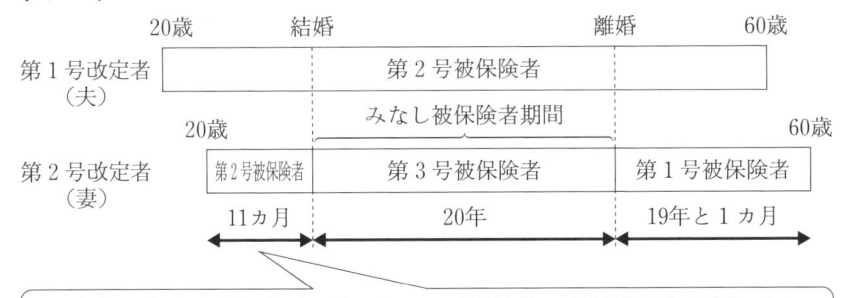

```
              20歳      結婚                    離婚      60歳
第1号改定者   ┌──────┬─────────────────┬──────┐
 （夫）      │      │    第2号被保険者         │      │
             └──────┴─────────────────┴──────┘
                    │    みなし被保険者期間    │
              20歳                                    60歳
第2号改定者   ┌──────┬─────────────────┬──────┐
 （妻）      │第2号 │    第3号被保険者        │第1号被保険者│
             │被保険者│                       │      │
             └──────┴─────────────────┴──────┘
              11カ月        20年              19年と1カ月
```

> 自分自身の厚生年金期間が1年に満たないため特別支給の老齢厚生年金は請求できない

※自分自身の厚生年金期間が1年に満たない場合であっても、保険料納付済期間等を合わせて25年以上あれば、65歳から老齢厚生年金が受給できる。

● どの部分の計算に算入されるのか

特別支給の老齢厚生年金の額を計算するにあたって、離婚時みなし被保険者期間は、報酬比例の額の計算の基礎となる被保険者期間に算入されますが、定額部分の額の基礎となる被保険者期間には算入されません。

〔図表49〕 離婚時みなし被保険者期間が算入される部分

第2号改定者（妻）

60歳		65歳	
報酬比例部分	○計算の基礎となる	老齢厚生年金	○計算の基礎となる
定額部分	×計算の基礎とならない	老齢基礎年金	×計算の基礎とならない

※みなし被保険者期間は年金額の計算では、報酬比例部分に反映しますが、定額部分・老齢基礎年金・経過的加算部分の計算の基礎としません。定額部分は自分自身の厚生年金の実期間で計算されます。

Q32　算入の対象にならない場合

> 離婚時みなし被保険者期間が、年金をもらう要件（受給資格期間）に算入されない場合があると聞きました。どんなときですか。

A

● 加給年金の要件期間

離婚時みなし被保険者期間は、「厚生年金の被保険者であった期間」とはみなされません。「厚生年金の被保険者であった者」とみなされないため、当該期間を算入できないものがいくつかあります。まず、老齢厚生年金の加給年金の受給要件となる被保険者期間（厚生年金の加入期間が原則240月以上）には算入されません。

● 長期加入者の要件期間

次に、長期加入特例（**注**）の受給要件となる被保険者期間（44年以上）に算入されません。〔図表50〕のように、離婚時みなし被保険者期間と自分自身の被保険者期間を合わせて44年以上あっても、長期特例の対象とはならないということです。

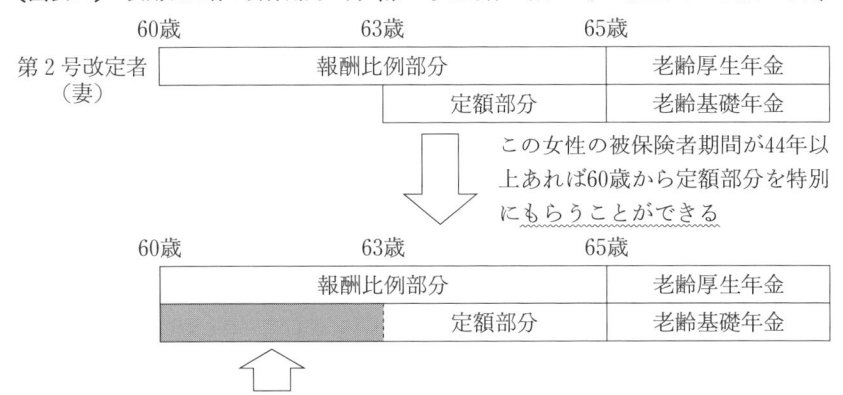

〔図表50〕 長期加入者の要件期間の例（第2号改定者が昭和26年7月生まれの女性の場合）

	60歳	63歳	65歳
第2号改定者（妻）	報酬比例部分		老齢厚生年金
		定額部分	老齢基礎年金

この女性の被保険者期間が44年以上あれば60歳から定額部分を特別にもらうことができる

	60歳	63歳	65歳
	報酬比例部分		老齢厚生年金
	定額部分		老齢基礎年金

離婚時みなし被保険者期間を含めて44年以上の場合は、長期加入特例により受給できるこの部分が受給できない

（注） 長期加入特例とは、次の要件を満たす特別支給の老齢厚生年金の受給者には、支給開始年齢から定額部分等が加算された年金が支給されるというものです。
① 昭和16年4月2日以降昭和36年4月1日（女子は昭和21年4月2日以降昭和41年4月1日）以前に生まれた者であること
② 被保険者でないこと
③ 被保険者期間が44年以上あるとき

◉ 脱退一時金の加入期間

　離婚時みなし被保険者期間は、脱退一時金の受給要件となる被保険者期間（6ヵ月以上）に算入されません。脱退一時金とは、厚生年金の被保険者期間が6ヵ月以上で、日本国籍を有しない人は、条件を満たせば脱退一時金を請求することができるというものです。つまり、離婚時みなし被保険者期間は、この6ヵ月に含めないということです。

◉ 加入期間の短縮特例

　25年の受給資格期間も生年月日により、被用者年金制度に20～24年入っていれば受給要件を満たします。また、厚生年金の中高齢の特例により15～19年で受給要件を満たす場合がありますが、離婚時みなし被保険者期間は、こ

れらの期間に算入されません。

　被用者年金制度加入期間の特例とは、厚生年金保険の被保険者期間、共済組合の加入期間が、〔図表51〕の期間以上あれば老齢基礎年金の受給資格期間を満たしたものとみなすというものです。

〔図表51〕　被用者年金制度加入期間の特例（生年月日別）

生年月日	受給資格期間
昭和27年4月1日以前	20年
昭和27年4月2日～昭和28年4月1日	21年
昭和28年4月2日～昭和29年4月1日	22年
昭和29年4月2日～昭和30年4月1日	23年
昭和30年4月2日～昭和31年4月1日	24年

　厚生年金保険の中高齢の特例とは、厚生年金保険の被保険者期間の中で次の①または②の期間が〔図表52〕の期間以上あれば、老齢基礎年金の受給資格期間を満たしたとみなすというものです。

①　40歳（女子は35歳）に達した月以降の厚生年金保険の被保険者期間
②　35歳に達した月以降の第3種被保険者（抗内員または船員）または船員任意継続被保険者としての厚生年金保険の被保険者期間（3分の4倍または5分の6倍の計算の特例を適用する）

〔図表52〕　厚生年金保険の中高齢の特例（生年月日別）

生年月日	受給資格期間
昭和22年4月1日以前	15年
昭和22年4月2日～昭和23年4月1日	16年
昭和23年4月2日～昭和24年4月1日	17年
昭和24年4月2日～昭和25年4月1日	18年
昭和25年4月2日～昭和26年4月1日	19年

Ⅳ　合意分割に影響を与える「離婚時みなし被保険者期間」とは

Q33　離婚時みなし被保険者期間と遺族厚生年金

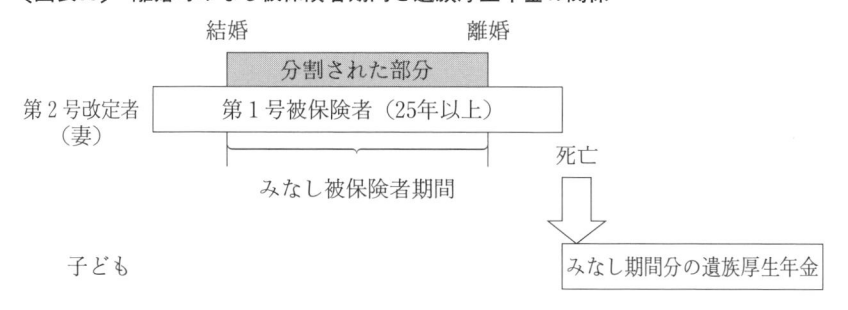

> 私はＯＬや公務員として働いたことは一度もないのですが、夫と離婚したあとに私が死亡したとき、遺された子どもは遺族厚生年金をもらえますか。

A　● 遺族厚生年金の計算に算入される

　　離婚時みなし被保険者期間は長期要件の遺族厚生年金の計算に算入されます。本人の実期間のみで受給要件を満たした母親が死亡したとき（長期要件）、18歳未満の子どもは、離婚時みなし被保険者期間分の遺族厚生年金を遺族基礎年金と合わせてもらうことができます。

　自分の第１号被保険者加入期間（保険料納付済期間等）が25年以上ある第２号改定者（妻）が死亡した場合（受給資格者の死亡による長期要件）、この第２号改定者（妻）に自分自身の厚生年金加入期間がなくても、子どもは離婚時みなし被保険者期間分の遺族厚生年金を請求することができます。

〔図表53〕　離婚時みなし被保険者期間と遺族厚生年金の関係

```
                    結婚              離婚
                ┌──分割された部分──┐
第２号改定者    ┌───────────────────┐
  （妻）       │ 第１号被保険者（25年以上）│
                └───────────────────┘
                └── みなし被保険者期間 ──┘
                                        死亡
                                         ↓
子ども                              ┌──────────────────┐
                                    │みなし期間分の遺族厚生年金│
                                    └──────────────────┘
```

（Ⅳ担当・溝口博敬）

第4章 Q&A 実践 合意分割

V 合意分割の情報請求方法

Q34 合意分割の情報提供とは

> 私は来年、夫との離婚を考えています。平成18年10月から年金記録の情報を請求できると聞きました。どうすればいいのか教えてください。また、夫に知られないように情報をもらうことはできますか。

A

● 当事者のどちらも請求できる

情報提供は、当事者の双方または一方から請求することができ、現に離婚しているか否かにかかわらず行うことができます（厚生年金保険法78条の4）。

離婚前に請求する場合は、一方から単独で請求すると、一方にのみ通知されますが、婚姻関係が解消していると認められる当事者の一方が、単独で請求する場合、提供される情報は請求した本人のみならず、他方の離婚当事者にも通知されます。回答は次のように行われます。

(1) 当事者双方が共同で情報提供の請求をした場合

それぞれに回答が通知されます。

(2) 当事者の一方が単独で情報提供の請求をした場合

① 離婚前の場合　情報提供の請求を行った者のみに回答が通知されます。

② 婚姻関係が解消していると認められる場合　他方の当事者からも情報提供の請求があったものとみなして当事者双方に回答が通知されます。

● 再請求について

情報提供の請求は、前回請求を行った日から3ヵ月を経過していない場合、

再度行うことはできません。ただし、以下の場合は3カ月しなくても請求を行うことができます。

① 国民年金の被保険者の種別の変更があった場合
② 養育特例の申し出があった場合
③ 第3号被保険者該当届が行われた場合
④ 按分割合に関する審判または調停の申立てをするのに必要な場合
⑤ 按分割合に関する附帯処分の申立てをするのに必要な場合

● 提供される情報

請求者に対しては以下の情報が提供されます。

① 按分割合の範囲
② 対象期間
③ 第1号改定者の氏名と対象期間標準報酬総額
④ 第2号改定者の氏名と対象期間標準報酬総額
⑤ 50歳以上の人には、希望によって、年金分割を行わない場合、および、50％または希望する分割割合で分割したときの年金額と年金を受けられる年齢

Q35 有効期間

情報提供の請求期限や、按分割合の有効期間は、どのくらいなのでしょうか。

A　➡ 情報提供は2年、按分割合はケースによって期限がある

　情報提供は、離婚時の厚生年金の分割をするために必要な情報の請求であるため、たとえば、離婚した日の翌日から2年を経過した場合などは、情報提供の請求を行うことはできません。

　また、按分割合の有効期限は、情報提供を受けた日から離婚が成立した日までの間が1年を超えない場合、情報提供時における按分割合の範囲を分割請求時における按分割合の範囲として扱うことができます。情報提供を受けた日が、離婚が成立した日よりも後の場合は按分割合の範囲に関する有効期間はありません（厚生年金保険法78条の2、厚生年金保険法施行規則78条の5・78条の7）。

➡ 情報提供ができないケース

情報提供は、次に該当した場合、請求できません。
① すでに分割請求が行われた離婚等に係る情報提供の請求であるとき
② 以下の日の翌日から起算して2年を経過する日
　ⓐ 離婚が成立した日
　ⓑ 婚姻が取り消された日
　ⓒ 事実婚関係が解消したと認められた日（事実婚関係にあった相手と婚姻の届けをしたことにより当該関係を解消したときを除く）
③ 情報提供を受けた日の翌日から起算して3カ月を経過していない日（ただし、次のいずれかに該当する場合を除く）

ⓐ 国民年金の被保険者の種別の変更があった場合

ⓑ 養育特例の申出が行われた場合

ⓒ 第3号被保険者該当届が行われた場合

ⓓ 按分割合に関する審判または調停の申立てをするのに必要な場合

ⓔ 按分割合に関する附帯処分の申立てをするのに必要な場合

➡ 按分割合の有効期限

按分割合の有効期限については、情報提供を受けた日が対象期間の末日（離婚が成立した日等）より前であり、かつ、次の①〜③に該当する場合です。

① 情報提供を受けた日から対象期間の末日までの間が1年を超えない場合

② 情報提供を受けた日の翌日から起算して1年を経過する前に按分割合に関する調停の申立て、または按分割合に関する附帯処分の申立てをした場合であって、当該提供を受けた日の翌日から起算して1年を経過した日以後に按分割合を定めた審判、判決が確定したときや、調停・和解が成立したとき

③ 按分割合に関する調停の申立て、または按分割合に関する附帯処分の申立てをした後に情報提供を受けた場合であって、当該提供を受けた日の翌日から起算して1年を経過した日以後に、按分割合を定めた審判、判決が確定したときや、調停和解が成立したとき

ただし、情報提供を受けた日が対象期間の末日（離婚が成立した日等）より後である場合は、原則として按分割合は、継続的に有効となります。

ただし、情報提供を受けた日より後に第1号改定者、第2号改定者の標準報酬総額に変化があった場合等はこの限りではありません。

147

Q36　情報提供の請求に必要な書類

> 情報提供の請求をするときには、どのような書類が必要になるのでしょうか。

A

● 請求時に必要な書類

情報提供の請求は、年金事務所にある「年金分割のための情報提供請求書（様式650号）」に必要事項を記入し、年金手帳、戸籍謄本（抄本）、事実婚期間がある場合は住民票等をあわせて提出すれば、1～2週間で指定した住所に郵送されます（または年金事務所に行って直接受けることもできる。厚生年金保険法施行規則78条の6）。

● 書類の記入方法

「年金分割のための情報提供請求書」【書式1】には、以下の内容を記入します。

(a) 「①請求者（甲）」「②請求者（乙）」

双方で請求する場合は、二人ともが請求者なので「①請求者（甲）」「②請求者（乙）」それぞれの欄に記入します。

一方のみが請求する場合は、「①請求者（甲）」の欄に記入し、②の欄には配偶者を記入します。

(b) 「③婚姻期間等」

婚姻期間が、法律婚のみ、事実婚のみ、事実婚から法律婚に移り両方の期間を有する場合などそれぞれに記入します。

(c) 「④対象期間に含めない期間」

情報提供を受けようとする期間が次の①②の期間と重複する場合、婚姻期間から①②の期間と重複する期間を除いた期間が年金分割の対象期間となります。

① 双方以外の第三者が、その二人のどちらか一方の被扶養配偶者として第3号被保険者であった期間
② 双方のうちどちらか一方が、第三者の被扶養配偶者として第3号被保険者であった期間

このような期間があった場合、その第三者の氏名、生年月日、基礎年金番号も記入します。

　(d)　「6 請求者(甲)の署名等」「7 請求者(乙)の署名等」

請求者(甲)、請求者(乙)はそれぞれ 6 7 の欄に署名します。自ら署名する場合、押印は不要です。情報提供は、ア(年金事務所窓口での交付)、イ(郵送による交付)のいずれかを選ぶことができます。

　(e)　「9 請求者(甲)の婚姻期間等に係る資格記録」「11 請求者(乙)または配偶者の婚姻期間等にかかる資格記録」

① 双方が共同で請求する場合　9 11 の両方に婚姻期間等に関する資格記録についてできるだけ詳しく書いてください。

② 双方のうちどちらか一方が請求する場合　9 欄には請求者について、11欄には、配偶者について記入します。この場合、配偶者に係る記録を特定できない場合があるので、配偶者欄はできるだけ詳しく書いておいてください。

　(f)　「10 請求者(甲)の年金見込額照会」「12 請求者(乙)の年金見込額照会」

当事者が50歳以上または障害年金の受給権者であるとき、分割後の年金見込額の情報もあわせて請求することができます。希望する場合、希望するに印をつけ、希望する年金の種類と希望する按分割合を記入します。ただし希望した人だけに通知するため、一方からのみの請求のときは、12 の欄は記入しません。

なお、情報提供請求書には「別紙」として説明書がついていますので、記入の際はそれを参考にしてください。

第4章 Q&A 実践 合意分割

【書式1】 年金分割のための情報提供請求書

V 合意分割の情報請求方法

<table>
<tr><td rowspan="2">対象期間に含めない期間</td><td>4</td><td>1．情報提供を受けようとする婚姻期間において、
　ア．1欄に記入した方が、「2欄に記入した方以外の方」の被扶養配偶者としての第3号被保険者であった期間がありますか。　　　　　　　　　　　　　（ はい ・ いいえ ）
　イ．1欄に記入した方が、2欄に記入した方以外の方を被扶養配偶者とし、その方が第3号被保険者であった期間がありますか。　　　　　　　　　　　（ はい ・ いいえ ）
　ウ．「ア」または「イ」について、「はい」を○で囲んだ場合は、その「2欄に記入した以外の方」の氏名、生年月日及び基礎年金番号を記入してください。

氏名 (フリガナ)／(氏)／(名)　生年月日 明大昭平治正和成 1 3 5 7　年　月　日　基礎年金番号</td></tr>
<tr><td></td><td>2．情報提供を受けようとする婚姻期間において、
　ア．2欄に記入した方が、「1欄に記入した方以外の方」の被扶養配偶者としての第3号被保険者であった期間がありますか。　　　　　　　　　　　　　（ はい ・ いいえ ）
　イ．2欄に記入した方が、1欄に記入した方以外の方を被扶養配偶者とし、その方が第3号被保険者であった期間がありますか。　　　　　　　　　　　（ はい ・ いいえ ）
　ウ．「ア」または「イ」について、「はい」を○で囲んだ場合は、その「1欄に記入した以外の方」の氏名、生年月日及び基礎年金番号を記入してください。

氏名 (フリガナ)／(氏)／(名)　生年月日 明大昭平治正和成 1 3 5 7　年　月　日　基礎年金番号</td></tr>
<tr><td>再請求理由</td><td>5</td><td>情報の提供を受けようとする婚姻期間等について、過去に、情報提供を受けたことがある方のみご記入ください。
1．前回の請求から3か月を経過していますか。　　　　　　　（ はい ・ いいえ ）
2．「いいえ」を○で囲んだ場合は、再請求の理由について次のいずれか該当する項目に○をつけてください。
　ア．請求者（甲）または（乙）の被保険者の種別の変更があったため。
　イ．請求者（甲）または（乙）が養育期間に係る申出を行ったため。
　ウ．請求者（甲）または（乙）が第3号被保険者に係る届出を行ったため。
　エ．按分割合を定めるための裁判手続に必要なため。
　オ．その他（　　　　　　　　　　　　　　　　　　　　　　　　　　　　　　　　）</td></tr>
<tr><td>請求者（甲）の署名等</td><td>6</td><td>日本年金機構理事長　殿
　厚生年金保険法第78条の4の規定に基づき、標準報酬改定請求を行うために必要な情報の提供を請求します。なお、年金分割のための情報通知書については、（ ア．年金事務所窓口での交付・イ．郵送による交付 ）を希望します。　　　　　　　平成　年　月　日
10 氏　名　　　　　　　　　　　　㊞ （※請求者（甲）が自ら署名する場合は、押印は不要です。）
　電話番号　　（　　　）
　送付先住所　9 (フリガナ)
　　　　　　 8 郵便番号　住所　　市　区／町　村</td></tr>
<tr><td>請求者（乙）の署名等</td><td>7</td><td>日本年金機構理事長　殿
　厚生年金保険法第78条の4の規定に基づき、標準報酬改定請求を行うために必要な情報の提供を請求します。なお、年金分割のための情報通知書については、（ ア．年金事務所窓口での交付・イ．郵送による交付 ）を希望します。　　　　　　　平成　年　月　日
10 氏　名　　　　　　　　　　　　㊞ （※請求者（乙）が自ら署名する場合は、押印は不要です。）
　電話番号　　（　　　）
　送付先住所　9 (フリガナ)
　　　　　　 8 郵便番号　住所　　市　区／町　村</td></tr>
<tr><td>◆対象期間</td><td>8</td><td>職員が記入するため、請求者は記入不要です。
11 大3・昭5・平7　年　月　日　　14 昭5・平7　年　月　日
12 昭5・平7　年　月　日　　15 昭5・平7　年　月　日
13 昭5・平7　年　月　日　　16 昭5・平7　年　月　日</td></tr>
</table>

151

第4章 Q&A 実践 合意分割

⑨ 請求者（甲）の婚姻期間等に係る資格記録
※ 欄外の注意事項を確認のうえ、できるだけ詳しく、正確に記入してください。

	事業所(船舶所有者)の名称および船員であったときはその船舶名（国民年金に加入していた場合は国民年金と記入して下さい。）	事業所（船舶所有者）の所在地または国民年金加入時の住所	勤務期間または国民年金の加入期間	加入していた年金制度の種類（○で囲んでください）	備考
1			・ ・ から ・ ・ まで	1 国民年金 2 厚生年金保険 3 厚生年金保険（船員） 4 共済組合等	
2			・ ・ から ・ ・ まで	1 国民年金 2 厚生年金保険 3 厚生年金保険（船員） 4 共済組合等	
3			・ ・ から ・ ・ まで	1 国民年金 2 厚生年金保険 3 厚生年金保険（船員） 4 共済組合等	
4			・ ・ から ・ ・ まで	1 国民年金 2 厚生年金保険 3 厚生年金保険（船員） 4 共済組合等	
5			・ ・ から ・ ・ まで	1 国民年金 2 厚生年金保険 3 厚生年金保険（船員） 4 共済組合等	
6			・ ・ から ・ ・ まで	1 国民年金 2 厚生年金保険 3 厚生年金保険（船員） 4 共済組合等	
7			・ ・ から ・ ・ まで	1 国民年金 2 厚生年金保険 3 厚生年金保険（船員） 4 共済組合等	
備考欄					

（注1） 本請求書を提出する日において、厚生年金保険の被保険者である状態が続いている場合には、勤務期間欄は（○○．○○．○○から、継続中）と記入してください。
（注2） 記入欄が足りない場合には、備考欄に記入してください。
（注3） 加入していた年金制度が農林共済組合の場合、事業所名称欄には「農林漁業団体等の名称」を、事業所所在地欄には「農林漁業団体等の住所地」を記入してください。
（注4） 米軍等の施設関係に勤めていたことがある方は、事業所名称欄に部隊名、施設名、職種をできるかぎり記入してください。

個人で保険料を納める第四種被保険者、船員保険の年金任意継続被保険者となったことがありますか。	1 はい ・ 2 いいえ		
「はい」と答えたときはその保険料を納めた年金事務所（社会保険事務所）の名称を記入してください。			
その保険料を納めた期間を記入してください。	昭和・平成　年　月　日から昭和・平成　年　月　日		
第四種被保険者（船員年金任意継続被保険者）の整理記号番号を記入してください。	記号		番号	

⑩ 請求者（甲）の年金見込額照会

　50歳以上の方又は障害厚生年金の支給を受けている方で希望される方に対しては、年金分割をした場合の年金見込額をお知らせします。該当する項目に○をつけてください。
　1．年金見込額照会を希望しますか。　（　希望する　・　希望しない　）
　2．「希望する」を○で囲んだ場合は、希望する年金の種類と按分割合（上限50%）を記入してください。
　　ア．希望する年金の種類　（　老齢厚生年金　・　障害厚生年金　）
　　イ．希望する按分割合　（　　　％）

V 合意分割の情報請求方法

⑪ 請求者（乙）または配偶者の婚姻期間等に係る資格記録
※ 欄外の注意事項を確認のうえ、できるだけ詳しく、正確に記入してください。

	事業所（船舶所有者）の名称および船員であったときはその船舶名（国民年金に加入していた場合は国民年金と記入して下さい。）	事業所（船舶所有者）の所在地または国民年金加入時の住所	勤務期間または国民年金の加入期間	加入していた年金制度の種類（○で囲んでください）	備　　考
1			．．から ．．まで	1 国民年金 2 厚生年金保険 3 厚生年金保険（船員） 4 共済組合等	
2			．．から ．．まで	1 国民年金 2 厚生年金保険 3 厚生年金保険（船員） 4 共済組合等	
3			．．から ．．まで	1 国民年金 2 厚生年金保険 3 厚生年金保険（船員） 4 共済組合等	
4			．．から ．．まで	1 国民年金 2 厚生年金保険 3 厚生年金保険（船員） 4 共済組合等	
5			．．から ．．まで	1 国民年金 2 厚生年金保険 3 厚生年金保険（船員） 4 共済組合等	
6			．．から ．．まで	1 国民年金 2 厚生年金保険 3 厚生年金保険（船員） 4 共済組合等	

配偶者の住所歴	．．から．．まで	
	．．から．．まで	
	．．から．．まで	
	．．から．．まで	

（注1） 本請求書を提出する日において、厚生年金保険の被保険者である状態が続いている場合には、勤務期間欄に（○○．○○．○○から、継続中）と記入してください。
（注2） 記入欄が足りない場合は、備考欄に記入してください。
（注3） 加入していた年金制度が農林共済組合の場合、事業所名称欄には「農林漁業団体等の名称」を、事業所所在地欄には「農林漁業団体等の住所地」を記入してください。
（注4） 米軍等の施設関係に勤めていたことがある方は、事業所名称欄に部隊名、施設名、職種をできるかぎり記入してください。
（注5） 当事者の一方のみによる請求の場合であって、現住所が不明な場合は「㋐住所」に不明と記入し、「配偶者の住所歴」に住所をわかる範囲で記入してください。

個人で保険料を納める第四種被保険者、船員保険の年金任意継続被保険者となったことがありますか。	1　はい　・　2　いいえ
「はい」と答えたときはその保険料を納めた年金事務所（社会保険事務所）の名称を記入してください。	
その保険料を納めた期間を記入してください。	昭和・平成　年　月　日から昭和・平成　年　月　日
第四種被保険者（船員年金任意継続被保険者）の整理記号番号を記入してください。	記号　　　　　番号

⑫ 請求者（乙）の年金見込額照会
　50歳以上の方又は障害厚生年金の支給を受けている方で希望される方に対しては、年金分割をした場合の年金見込額をお知らせします。該当する項目に○をつけてください。
　1．年金見込額照会を希望しますか。　（　希望する　・　希望しない　）
　2．「希望する」を○で囲んだ場合は、希望する年金の種類と按分割合（上限50％）を記入してください。
　　ア．希望する年金の種類（　老齢厚生年金　・　障害厚生年金　）
　　イ．希望する按分割合（　　　％）

153

Q37　情報提供される資料

> 情報提供の請求をすると、どのような資料が送られてくるのですか。

A　● 交付される資料の内容

　情報提供の請求をした場合、「年金分割のための情報通知書」、「被保険者記録照会回答票」、(50歳以上で老齢厚生年金の受給資格期間を満たしている人または、障害厚生年金の受給者で希望する人には、「年金分割を行った場合の年金見込額のお知らせ」)が送られてきます(厚生年金保険法施行規則78条の8)。これは郵送だけでなく、希望すれば、年金事務所の窓口で受けることもできます。それぞれの資料は、次のような内容が表示されています。

　　(A)　年金分割のための情報通知書【書式2】

　情報通知書には、第1号改定者と第2号改定者の氏名、生年月日、基礎年金番号、請求日が書かれています。

　その後に婚姻期間等という欄があり、これが離婚分割の対象期間になります。その下の対象期間標準報酬総額は、それぞれの対象期間にかかる厚生年金の被保険者期間の各月の標準報酬月額と標準賞与額に生年月日において再評価率を乗じた額の合計額です。簡単にいうと、双方の標準報酬総額の合計を按分割合によって分割することになります。

　さらにその下の按分割合の範囲は、下限が分割前の第2号改定者の標準報酬総額の割合で、上限は50%になります。

Ⅴ　合意分割の情報請求方法

【書式2】　年金分割のための情報通知書

年金分割のための情報通知書
（厚生年金保険制度）

平成○○年○○月○○日

○　○　○　○　様

日本年金機構理事長

　　　様より、年金分割のための情報提供の請求がありましたので、情報を提供いたします。

氏　　　名	（第1号改定者） ○　○　○　○ （第2号改定者） ○　○　○　○	
生　年　月　日	（第1号改定者） 昭和○○年○○月○○日	（第2号改定者） 昭和○○年○○月○○日
基礎年金番号	（第1号改定者） ○○○○－×××××	（第2号改定者） ○○○○－×××××
情報提供請求日	平成○○年○○月○○日	
婚姻期間等	平成○○年○○月○○日　～　平成○○年○○月○○日＊ (※1) 1.情報提供請求日　2.離婚が成立した日　3.婚姻が取り消された日　4.事実婚関係が解消したと認められる日	
対象期間 標準報酬総額	（第1号改定者） 112,347,695円	（第2号改定者） 111,222,333円
按分割合の範囲	36.389%を超え、50%以下	

対象期間	昭和 平成 ○年○月○日 ～ 昭和 平成 ○年○月○日	昭和 平成 年 月 日 ～ 昭和 平成 年 月 日
	昭和 平成 年 月 日 ～ 昭和 平成 年 月 日	昭和 平成 年 月 日 ～ 昭和 平成 年 月 日
	昭和 平成 年 月 日 ～ 昭和 平成 年 月 日	昭和 平成 年 月 日 ～ 昭和 平成 年 月 日
対象期間の末日以後に提供を受けた情報について補正に要した期間	平成 年 月 日 ～ 平成 年 月 日	平成 年 月 日 ～ 平成 年 月 日
厚生年金保険法施行規則第78条の3第3項第2号に規定する期間	平成 年 月 日 ～ 平成 年 月 日	厚生年金保険法施行規則第78条の3第3項に定める請求期間	

本通知は、離婚等をした場合※において標準報酬の改定等の特例（以下「年金分割」という。）の請求を行うために必要な情報をお知らせするものです。
　　※「離婚等をした場合」とは、法律婚にあった方が離婚し、若しくは婚姻が取り消された場合又は事実上婚姻関係と同様の事情（以下「事実婚関係」という。）にあった方が当該事情を解消したと認められる場合のことをいいます。

1．按分割合とその範囲について

　「按分割合の範囲」とは、当事者間の合意又は裁判手続により定めることができる按分割合の範囲を示したもので、この範囲内で按分割合を定めることになります。

　按分割合の範囲は、「百分率（％）」で表示しておりますが、**年金分割の請求を行うにあたって、按分割合を定める際は「小数」を用いてください。**

　また、標準報酬を分割する際には、按分割合の「小数点以下5位まで（例：0.12345）」が用いられます。小数点以下5位未満は四捨五入されますのでご承知おきください。

【例】

| 按分割合の範囲 | 10.000％を超え、50％以下 |

　この場合、「10.000％以上、50％以下」の範囲内で按分割合を定めることになります（これを小数で表した場合は「0.10001以上、0.5以下」となります）。

　そして、当事者間の合意により按分割合を「45％」と定めた場合、年金分割の請求を行うにあたって、公正証書等には、按分割合を「0.45」と記載することになります。

2．情報提供の再請求について

　情報提供の再請求は、前回の情報提供を受けた日の翌日から起算して3か月を経過している場合に限り、行うことができます。ただし、次のいずれかに該当する場合は、3か月を経過していない場合でも情報提供の再請求を行うことができます。
　①国民年金法に規定する被保険者の種別の変更があった場合
　②3歳未満の子を養育する厚生年金の被保険者から標準報酬月額の特例（いわゆる養育特例）に係る申出が行われた場合
　③第3号被保険者資格に係る届出が行われた場合
　④按分割合を定めるための裁判手続に必要な場合

3．年金分割の請求期限

　年金分割の請求は、原則、次に掲げる日の翌日から起算して2年を経過した場合には行うことができなくなります。
　①離婚が成立した日
　②婚姻が取り消された日
　③事実婚関係が解消したと認められる日
　ただし、2年を経過した後に裁判手続により按分割合が定められた場合等については、請求期限の特例があります。詳しくは最寄りの年金事務所にお問い合わせください。

4．年金分割の請求を行うにあたっての注意事項

　本通知により情報提供が行われた後に、婚姻期間中の記録に変動が生じた場合、按分割合の範囲等の提供情報が変動することがあります。

　按分割合の範囲が変動した場合、本通知で提供した情報に基づいて定めた按分割合では、標準報酬の改定等をすることができないときがあります。

　したがって、このようなことを未然に防ぐため、情報提供の再請求（2を参照）を行うことにより、直近の情報を受けることができますので、ご利用ください。

本通知に関するお問い合わせ先

(B) 被保険者記録照会回答票【書式3】

情報通知書にあわせて「被保険者記録照会回答票」が作成されます。これは、本人の厚生年金、国民年金の加入記録が書かれています。この際、加入記録に間違いがないか、再度確認しておくとよいでしょう。

【書式3】 被保険者記録照会回答票

```
被保険者記録照会回答票              平成○○年○○月○○日

氏      名    ○ ○ ○ ○    様
生 年 月 日   昭和○○年○○月○○日    性別    女
住      所    〒


基礎年金番号      ○○○○－○○○○○○
年金手帳記号番号
国民年金          厚生年金          船員保険
```

制度	事業所／市区町村	取得年月日	喪失年月日	月数
厚年	ＡＢＣ販売株式会社	昭和○○.○○.○○	平成○○.○○.○○	○○
厚年	××工業株式会社	平成○○.○○.○○	平成○○.○○.○○	○○
国年	北○○郡北○○町	平成○○.○○.○○	平成○○.○○.○○	○○
国年	北○○郡北○○町	平成○○.○○.○○	平成○○.○○.○○	○○
国年	北○○郡北○○町	平成○○.○○.○○		○○

国民年金						厚生年金保険		船員保険		被保険者期間合計
納付済月数	全額免除月数	4分の3免除月数	半額免除月数	4分の1免除月数	学生納付特例月数等	合計	月数(基金)	期間(基金)	月数	期間	
○○						○○	○○○(0)	○○○(0)	0	0	○○○
被 保 険 者 対 象 月 数						○○○					
備 考 欄											1/1

(C) 年金分割を行った場合の年金見込額のお知らせ【書式4】

　この通知は、50歳以上で老齢厚生年金の受給資格期間を満たしている人、または障害厚生年金の受給権者で希望した人にのみ作成されます。また、見込額は情報提供を請求したときまでの見込額になるので注意してください（見込額は一般的に60歳時の見込額を試算するため）。

　情報提供の再交付を希望するときは、「年金分割のための情報通知書再交付申請書」を年金事務所に提出します。また、情報提供を受けて3ヵ月が経過していない場合等は、「年金分割のための情報提供請求の却下通知書」が送られます。

（V担当・溝口博敬）

Ⅴ 合意分割の情報請求方法

【書式４】 年金分割を行った場合の年金見込額のお知らせ

年金分割を行った場合の年金見込額のお知らせ

　　　　　○○○○　　　様　（基礎年金番号○○○○－○○○○○○）

※　平成○○年○○月○○日の年金分割のための情報通知書にお示しした按分割合の範囲に基づき年金分割を行った場合の年金見込額についてお知らせします。
※　この年金見込額は上記の基礎年金番号で管理されている年金加入記録に基づいて試算しております。
　（年金加入記録は、別紙の「被保険者記録照会回答票」をご覧ください。）

　　　　　　　　　　　　　　　　　　　　　　　　　　　　　　　○○年金事務所長

平成○○年○○月○○日　現在の年金見込額です。

【按分割合50％(上限)の場合】

年金を受けられる年齢		○○歳	○○歳	65歳
年金の種類と年金額	厚生年金保険	特別支給の老齢厚生年金 （報酬比例部分） 　　　　　円	特別支給の老齢厚生年金 （報酬比例部分） 　　　　　円	老齢厚生年金 （報酬比例部分） 592,400　円
			（定額部分） 　　　　　円	（経過的加算部分） 　　　　　円
	国民年金			老齢基礎年金 412,600　円
合計年金額 （年金支給額）		円	円	1,005,000　円

【年金分割を行わない場合】

年金を受けられる年齢		○○歳	○○歳	65歳
年金の種類と年金額	厚生年金保険	特別支給の老齢厚生年金 （報酬比例部分） 　　　　　円	特別支給の老齢厚生年金 （報酬比例部分） 　　　　　円	老齢厚生年金 （報酬比例部分） 　　　　　円
			（定額部分） 　　　　　円	（経過的加算部分） 　　　　　円
	国民年金			老齢基礎年金 412,600　円
合計年金額 （年金支給額）		円	円	412,600　円

【按分割合○○％(希望された按分割合)の場合】

年金を受けられる年齢		○○歳	○○歳	65歳
年金の種類と年金額	厚生年金保険	特別支給の老齢厚生年金 （報酬比例部分） 　　　　　円	特別支給の老齢厚生年金 （報酬比例部分） 　　　　　円	老齢厚生年金 （報酬比例部分） 473,900　円
			（定額部分） 　　　　　円	（経過的加算部分） 　　　　　円
	国民年金			老齢基礎年金 412,600　円
合計年金額 （年金支給額）		円	円	886,500　円

※　年金分割のための情報提供請求書の提出時に希望された按分割合が、今回、年金分割のための情報通知書により通知された按分割合の範囲外であるときは、希望された按分割合による年金見込額は試算できませんので、ご了承ください。

| 実際の年金額は、この試算結果と異なる場合があります。 |

注1　「特別支給の老齢厚生年金」欄について
　　　特別支給の老齢厚生年金の額は、報酬比例部分と定額部分に加給年金額（＊）を加えた額となりますが、この「年金見込額のお知らせ」では加給年金額は除いています。
　　　定額部分が受けられる年齢は、性別、生年月日に応じて60歳から64歳となります。

　＊　加給年金額とは、厚生年金保険の加入期間が20年以上であり、65歳未満の配偶者や18歳未満の子がいる場合などに加算される額のことです。

注2　「経過的加算部分」欄について
　　　65歳からは、特別支給の老齢厚生年金の定額部分に相当するものが老齢基礎年金となります。
　　　定額部分が、厚生年金保険の加入期間に基づく老齢基礎年金の額よりも高い額となる場合は、その差額が経過的加算額として加算されます。

注3　共済組合の加入期間がある方について
　　　共済組合等から日本年金機構に提供されている加入月数を基に、老齢基礎年金についてのみ計算の対象としています。

注4　厚生年金基金の加入期間がある方について
　　　加入していた厚生年金基金又は企業年金連合会から支払われる年金額を除いています。

　　　　　　　この内容についてのご照会は次までお願いします。
　　なお、ご照会にあたっては表面上部の基礎年金番号を必ずご用意ください。

　　　　〒○○○－○○○○　　○○市○○町○丁目○番地の○
　　　　○○年金事務所　電話　○○－○○○○－○○○○

VI　合意分割と請求手続

Q38　合意分割の請求と家庭裁判所への申立て

　私は、夫と平成25年3月1日に離婚しました。しかし、年金分割制度のことを知らなかったので、年金分割の話をしていないのです。その後、離婚時の年金分割制度ができたことを知り、私も年金分割を請求したいと思います。私は、どこに、どのような請求（申立て）をすればよいのですか。

A　⮕　合意分割に限られる

　年金分割には、合意分割と3号分割の2種類があります（Q2参照）。しかし、3号分割の請求ができる人は平成20年4月1日以降に離婚した人に限られるので、それよりも前に離婚した場合、3号分割の請求をすることはできません。

　ところで、合意分割の請求（申立て）ができるのは、平成19年4月1日以降に離婚した人で、かつ、分割の対象となる期間中において保険料の納付総額が配偶者よりも少なかった人です。この場合、合意分割を請求（申立て）する人が、婚姻期間中、専業主婦であったか否かを問いません。

　もっとも、合意分割を請求（申立て）する人が、婚姻中に専業主婦であって、平成20年4月1日以降に離婚している場合は、3号分割の請求ができることになっています。したがって、ちょっと考えただけでは、3号分割を請求すれば足り、合意分割の請求（申立て）をするまでの必要はなさそうにも思えます。

　しかし、3号分割の請求をしても、3号分割によって分割がされる範囲は、平成20年4月1日以降に限られ、かつ、第3号被保険者であった期間、たと

161

えば専業主婦であった期間の保険料納付実績に限られています。そのため、3号分割の請求によって分割が認められる以外の期間について、年金分割を求めるには、合意分割の請求（申立て）をしなければなりません。

　すなわち、あなたは、離婚した日の翌日を起算日として、2年以内であれば、合意分割の請求をすることができるのです（2年を経過すると合意分割の請求はできない。消滅時効の問題についてはQ10参照）。

➡ 請求先は年金の種類で異なる

　年金分割の請求先は、年金の種類によって異なります（ただし、合意分割、3号分割では共通）。すなわち、①厚生年金について分割請求を求めるときは厚生労働大臣（年金事務所）あてに、②国家公務員共済組合または地方公務員共済組合から受け取る給付金について分割請求を求めるときは共済組合組合長あてに、そして、③私立学校教職員が受け取る給付金について分割請求を求めるときは日本私立学校振興・共済事業団代表者あてに、それぞれ請求することになります。

➡ 当事者同士で按分割合を決める

　しかし、合意分割は、3号分割の場合とは異なって、年金分割請求をする前に、年金の按分割合を決めていなければならないのです。

　しかも、口約束ではいけません。あなたは、①当事者間で合意した按分割合を公正証書（または、公証人が認証する私署証書）にしておくか、②家庭裁判所の手続において按分割合を定めておく必要があるのです。

　年金分割のうち3号分割の按分割合は、「結婚期間中における保険料の納付実績（ただし、平成20年4月1日以降の保険料に限られる）の2分の1」と決められており、そこに当事者の合意が入り込む余地はありません。

　そして、合意分割の按分割合は、結婚期間中に二人が支払った保険料の合計額の2分の1を上限とし、保険料の少ない者が支払った保険料の合計額を下限として、「離婚した当事者の合意」または「家庭裁判所が定めた内容」

によって決められます（年金事務所、共済組合等が決めるのではない）。按分割合については固定しておらず、当事者の合意が入り込む余地があるといえるのです。

合意分割の請求をするには、事前に、按分割合が決められている必要があります。すなわち、合意分割の請求をするには、按分割合が記載されている公証人または家庭裁判所が作成した書面（公証人の認証する私署証書を含む）の謄本または抄本も添付しなければならないのです。

● 合意に達しない場合は家庭裁判所に

分割割合を決めるためには、離婚した夫と協議をしなければなりませんが、もし、協議に応じない、協議には応じたが合意に達しないという場合には、離婚した日の翌日から起算して2年内に、家庭裁判所に「分割割合（請求すべき按分割合）を定める家事調停（または審判）」を申し立ててください。

この家事調停（審判）を申し立てるときは、①申立書（家庭裁判所に申立書用紙がある）のほかに、②離婚したことがわかる戸籍謄本、③年金事務所等から交付された「年金分割のための情報通知書」（Q37参照）を添付しなければなりません。

なお、申立ては分割割合を定める年金の種類ごとに1件となります。たとえば、年金分割の対象の期間中に、夫が地方公務員から民間会社に転職していたならば、共済年金と厚生年金の2つが年金分割の対象となる関係で、家事調停の申立ても2件として取り扱われるのです。

申立ては、いわゆる別表第2事件（家事調停がまとまらないときは家庭裁判所が審判をするもの）とされており、申立料は1件について1,200円です。そして、そのほかに、郵便切手として800円程度、審判の送達費用1,050円、確定証明料150円が必要となります。

Q39　離婚請求と年金分割請求

> 夫婦間で、離婚や年金分割のことなどを話し合ってきましたが、話がまとまりません。ここにきて、裁判によって解決するほかはないと考えています。私は、どこに、どのような申立てをすればよいのですか。
> また、家事調停や、離婚裁判などになった場合、年金分割請求に関して、何か注意しておくことがありますか。

A　→　家事調停の申立てから始める

　離婚請求の裁判をしようとする人は、まず家庭裁判所に対して、家事調停の申立てをしなければなりません。もし家事調停を申し立てず、いきなり離婚裁判（人事訴訟）に訴えても、事件は家庭裁判所の家事調停に付されてしまうでしょう。

　家庭に関する事件は、すべて家庭裁判所の家事調停を経なければなりません（家事事件手続法257条1項。調停前置主義）。すなわち、家族間の紛争は訴訟によって解決するよりも、可能な限り当事者の話合いによって解決することが望ましいと考えられているのです。

　したがって、いきなり離婚裁判（人事訴訟）を提起することは認められていません。まず家庭裁判所に対し、家事調停を申し立ててください（第2章III参照）。

→ 夫婦関係調整事件とは

　一口に家事調停といいますが、その中には多くの種類のものが含まれています。そして現在、離婚しているわけではなく、離婚のことを含めて話合いをしたいという場合、一般に「夫婦関係調整」とよばれている家事調停事件を申し立てることになります（申立書については、巻末資料2参照）。

　ところで、夫婦関係調整事件では、離婚問題はもちろん、子どものこと、

財産分与のこと、年金分割のことなど、夫婦に関するあらゆることを話し合っていくことになります。したがって、年金分割のことも、夫婦関係調整事件の中で話し合っていけばよいのです。

なるほど、家庭裁判所では、離婚の年金分割制度ができたことを受けて、「分割割合（按分請求すべき割合）を定める調停（または審判）」事件の申立てを受け付けるようになりました（申立書については、巻末資料１参照）。

しかし、この申立ては、離婚は成立したけれども年金分割についての合意ができない人たちのためにつくられているものです。家庭裁判所では、あなたたちが離婚するよりも前に、あなたたちが離婚すると決め付けて、年金分割に限った話合いをすることは予定していません。

したがって、あなたが離婚する前に「分割割合（按分請求すべき割合）を定める調停（または審判）」を申し立てても、家庭裁判所が受け付けることはないのです。

◯ 裁判では附帯処分として申立て可能

夫婦関係調整の調停で話がまとまらなければ、家庭裁判所に「離婚裁判」（人事訴訟）を起こして、離婚を求めていくことになります。

その場合、年金分割の問題をどうするかが問題ですが、あなたは、離婚請求の「附帯処分」（人事訴訟法32条）として、離婚請求に併せて、按分割合を定める処分を申し立てることができます。このような附帯処分の申立てをしておけば、離婚請求を審理することに併せて、年金分割に関する審理もしてもらうことができるのです（訴状については、巻末資料３参照）。

なお、離婚請求の附帯処分の中には、按分割合を定める処分の申立て以外にも、財産分与の申立てが含まれることがあります（財産分与については、第２章Ⅱ参照）。

そして、按分割合と財産分与の申立ては、それぞれ異なる内容の申立てであると考えられています。

したがって、合意分割の請求をする場合、財産分与の申立ての中でいわゆ

る２階部分の年金分割の話をするのではなく、財産分与の申立てをするのとは別に、按分割合を定める処分の申立てをして、その手続の中で合意分割についての話をしていくことが必要になるのです（３階部分については、財産分与の申立ての中で話をする。第２章Ⅱ参照）。

❷ 按分割合が決定したら請求の手続を

ところで、家庭裁判所では、家事調停、訴訟上の和解などがまとまって、離婚が成立することが少なくありません。その際、あなたは、財産分与、離婚慰謝料、年金分割請求などの問題も、いっしょに合意できているのか否かにつき、確認する必要があります。

そして、家庭裁判所で年金の按分割合について合意できたり、按分割合の定めがされた場合でも、按分割合を定めた審判・判決が確定した後（または調停・和解が成立した後）、１ヵ月以内に、年金分割請求の手続をしなければなりません。

家庭裁判所では、合意分割を行う前提として当事者間の合意をあっせんし、合意に代わる審判（または判決）をしているだけです。家庭裁判所で合意ができたからといって、安心することなく、必ず請求先に対し、改めて分割請求をしてください。

Q40　清算条項と年金分割請求

① 私は、離婚した夫に、年金分割のことで話合いをしたいと申し入れました。ところが、夫の返事は、私が離婚の時点で「離婚に関し、お互いに何らの債権債務がないことを確認する」と約束し、念書も取り交わしたので、申入れには応じられないというものでした。そこで、念書を読み直してみると、私がそのような約束をしていたことは事実のようです。私は、年金分割を請求することができないのでしょうか。
② 私は、離婚した夫に「年金分割のことで、家庭裁判所に判断を求めることはしない」と約束し、念書も取り交わしてしまいました。いったい、どうなるのでしょうか。

➲　①の場合は年金分割の請求が可能

年金分割の請求権は、厚生労働大臣などの認定権者に対する公法上の権利であると考えられています。すなわち、夫婦間の権利義務の問題ではありません。

したがって、夫に「離婚に関し、お互いに何らの債権債務がないことを確認する」と約束しても、あなたの公法上の権利が失われる理由はありません。あなたは、年金分割請求ができると思います。

➲　②の場合は分割の種類による

これに対し、②の場合は、多少、複雑です。3号分割の場合と、合意分割の場合を、分けて考えていかなければならないからです。

まず、前のパートナーに、「年金分割のことで、家庭裁判所に判断を求めることはしない」と約束しても、あなたの年金分割を求める請求権（公法上の権利）が失われるわけではありません。

しかし、「家庭裁判所に判断を求めることはしない」と約束していること

に問題があります。このような約束は、一般に「不起訴の合意」とよばれるもので、合意の効力も認められているからです。したがって、あなたは現在、年金分割に関し、家庭裁判所の判断を求めることができない状態におちいっているのです。

◆ ②の場合は3号分割のみ可能

　家庭裁判所は、3号分割の請求手続には、一切関与していません。すなわち、請求先に3号分割の請求をすれば、当然に2分の1の割合で年金分割が行われます。前のパートナーに、「家庭裁判所の判断を求めることはしない」と約束したからといって、3号分割の請求ができない理由はありません。

　ところが、合意分割の請求をするときは問題が出てきます。

　この場合でも、当事者間で任意に按分割合の合意ができるときには問題がありません。しかし、もし、按分割合の合意ができなければ、合意分割の請求をする前提となる按分割合が決まらないため、事実上、年金分割の請求をすることができなくなるのです。

　合意分割の場合は、請求先に分割請求をする前に、按分割合が決まっていなければなりません。つまり、按分割合について、ⓐ当事者間で合意を成立させるか（調停および和解を含む）、あるいは、ⓑ家庭裁判所の審判または判決によって按分割合が定められることが必要なのです。

　しかし、②のご質問では、夫に対し「年金分割のことで、家庭裁判所の判断を求めることはしない」と約束してしまいました。

　そこで、当事者同士で按分割合の合意ができれば問題がないのですが、合意できないときは、結局、請求先に対し分割請求をすることができません。なぜならば、不起訴の合意をしてしまったため、家庭裁判所に対し按分割合を定めてほしいとは求められなくなっているからです。

　要するに、あなたは、年金分割請求の権利を失ってはいませんが、その前提となる按分割合を決めることができない関係で、事実上、合意分割の請求ができないことになっているのです。

Q41　按分割合についての家庭裁判所の判断

> 合意分割の按分割合について合意することができないので、家庭裁判所に「請求すべき分割割合（按分割合）に関する事件」を申し立て、家庭裁判所で按分割合を決めてほしいと考えています。
>
> ところで、按分割合には上限と下限があり、当事者間で合意することができなければ、家庭裁判所がその範囲内で、按分割合を定めることになると聞きました。家庭裁判所は、どのような基準で按分割合を決めるのか教えてください。

A　● 夫婦間の話合いを優先

合意分割における按分割合は、ご質問の範囲内で、離婚した当事者の合意または家庭裁判所が定めた内容によって決められています。厚生労働大臣や共済組合長等が決めるものではありません。

そして、家庭裁判所では、まず、二人の話合いを優先しています。すなわち、年金分割のための情報通知書（【書式2】）に記載されている按分割合の範囲内で合意してほしいと求める以外には、特に基準というものは設けていないのです。

● 話合いがまとまらなければ審判へ

お互いの話合いがまとまらなければ、家庭裁判所が審判（家庭裁判所の決定の一種）の形で判断をすることになります。

そして、その場合の按分割合は、原則として2分の1と定められるものと思われます。

もっとも規定上は、家庭裁判所は対象期間中における保険料の納付に対する当事者の寄与の程度、その他一切の事情を考慮して、按分割合を定めることができると定めています。原則として2分の1と定める旨の規定はありま

せん。

　しかし他方で、平成20年4月から施行された3号分割では、法令上、当然に2分の1の割合で分割されます。すなわち、規定の仕方が一致していないことがわかります。

　3号分割が原則として2分の1と定められている理由は、婚姻期間中に納付した保険料は、実質的に夫婦が共同して負担していると考えられているためです。また、婚姻期間中における保険料の納付は、納付者のためだけではなく、夫婦のそれぞれの老後のための所得保障（社会保障）としての意味合いがあることも事実です。そのような趣旨は、合意分割の場合にも当てはまることだと思われます。

　したがって、按分割合を2分の1未満とすることが妥当であるといった、特別な事情が見当たらない限り、合意分割における按分割合は原則として2分の1と定められることになるでしょう。

Q42 按分割合の合意の解除・取消しなど

> 夫婦間で、合意分割の按分割合の合意ができたので、それを公正証書につくりました。その合意の内容は、私が3、夫が7の割合で分割するというものです。そして、私は、公正証書を添付して、厚生労働大臣に対し、厚生年金の分割請求手続をとったのです。
>
> ところが、私はその直後に病気にかかり、仕事ができなくなってしまいました。ただし、幸いなことに離婚してからまだ2年が経ってはおりません。そこで、年金分割請求の合意を白紙に戻し、改めて按分割合の合意をやり直したいと思います。家庭裁判所に対し、分割割合（按分割合）を定める処分の申立てをしようと思っていますが、このような申立ては許されますか。

A　⮕　年金分割のやり直しはできない

　年金分割が実施された後、按分割合の合意を解除して、改めて、年金分割請求をやりなおすことは予定されていません。

　したがって、あなたが家庭裁判所に対し分割割合（按分割合）を定める処分の申立てをしたとしても認められないでしょう。

　按分割合に関する合意は、厚生労働大臣・共済組合の組合長らが年金分割を実施するための前提となる事実です。言い換えると、当事者間の合意があったからといって、その合意によって年金分割が行われるものではなく、厚生労働大臣・共済組合の組合長らが行った行政処分によって、年金分割が行われていると考えられるのです。

　しかも法令上、按分割合の合意の見直しが予定されていることはありません。したがって、仮に前の夫との間で、按分割合の合意の変更ができたとしても、そのことによって、現在実施されている年金分割の内容が変更されることはないのです。

171

ご質問の場合、合意した後に事情が変更しているので、お気の毒だとは思いますが、申立ては認められないでしょう。

● 詐欺等が理由でも認められない

加えて、按分割合の合意が、詐欺を理由にして取り消されたり、錯誤によって無効とされた場合でも、同じことだといえます。

按分割合の合意が、詐欺や錯誤に基づくものであり、合意の効力が失われたとしても、そのことによって、すでに実施されている年金分割が無効となることはありません。すなわち、年金分割を実施した時点で、厚生労働大臣・共済組合組合長らの処分権者が、按分割合の合意について重大な瑕疵があることを容易に気づくことができたとは思えないからです。

したがって、あなたが、家庭裁判所に対し、分割割合（按分割合）を定める処分の申立てをしたとしても認められることはありません。

詐欺にあったことが事実だとすると、損害賠償などの別の方法で、損害を回復するようにしてください。

（Ⅵ担当・上原裕之）

第 5 章

Q&A
実践　3号分割

I　3号分割(平成20年4月施行)の概要

　この制度は、平成20年4月以降に、妻が専業主婦であった期間（第3号被保険者期間。3号分割では「特定期間」という）について、会社員である夫（第2号被保険者）の保険料納付記録の2分の1を、自動的に分割できるという制度で、「被扶養配偶者（妻：年金の分割を受ける人）を有する被保険者（夫：年金を分割される人）が負担した保険料について、当該被扶養配偶者（妻）が共同して負担したものである」という基本的認識の下に創られました（厚生年金保険法78条の13）。すなわち、妻が第3号被保険者（専業主婦）であった場合、厚生年金保険料は夫婦が共同して負担したものであるから、離婚したときには標準報酬の半分は当然に妻のものになるというもので、平成20年4月1日以降に成立した離婚等が対象となります。

　なお、平成19年4月から、合意による分割の制度が先行して施行されましたが、3号分割には、夫婦間の合意が必要がないなどの違いがあります（詳しくはQ2参照）。

Ⅱ　3号分割 Q&A

Q43　夫婦間の合意は必要？

> 3号分割をする場合、夫と妻でどのような合意をすればいいのですか。

A　→　年金分割に関する合意は不要

　3号分割では、夫と妻の間で、年金分割をすることについて合意をする必要がありません。また、按分割合の取決めも必要がなく、按分割合は自動的に2分の1となり、これを増減することはできません。

　平成19年4月から施行された合意分割では、年金分割をすることや按分割合の合意が必要でしたが、3号分割の基本的な考え方（夫が負担した保険料は、妻が共同して負担したものである）からすれば、これらの合意がいらないことは当然のことといえます。

Q44　対象となる期間

> 3号分割の対象となる期間は、いつからですか。

A ● 平成20年4月以降に第3号被保険者だった期間

分割の対象となる期間を特定期間といい、特定被保険者（夫）が被保険者であった期間であり、かつ、その被扶養配偶者（妻）が第3号被保険者であった期間をいいます。

特定期間については、次の点に注意が必要です。

① 特定期間は、平成20年4月以降で、妻が第3号被保険者（たとえば専業主婦）であった期間となりますので、平成20年3月以前に専業主婦であった期間は含まれません。

② 被扶養配偶者期間であっても、たとえば20歳未満や60歳以後の被扶養配偶者の期間は、第3号被保険者とならないので、3号分割の対象となりません。

③ 特定期間に係る被保険者期間については、被扶養配偶者（妻）にとっても被保険者期間であったものとみなされる（被扶養配偶者みなし被保険者期間）ので、離婚時みなし被保険者期間同様、厚生年金の年金額を計算する際、その計算の基礎となる期間に算入されますが、年金を受給するための受給資格期間には算入されません。

Q45　請求の手続方法

> 3号分割のためには、どこで、どのような手続をするのですか。また、請求をした後は、どのようになるのでしょうか。

A

● 住所地管轄の年金事務所に請求

　夫か妻の一方が（被扶養配偶者）、その住所地を管轄する年金事務所に分割改定請求を行います。請求することで特定期間の2分の1が被扶養配偶者（妻）に分割されるので、第3号被保険者期間であったとしても、当事者が分割を請求しなければ年金分割をしてもらうことはできません。

　なお、3号分割では、現在のところでは合意分割と違い、離婚後2年以内に行わなければならないという期間制限はありません。

● 標準報酬の改定・決定

標準報酬の改定および決定の請求があったときは、厚生労働大臣は、特定被保険者（夫）および被扶養配偶者（妻）の標準報酬月額を特定被保険者（夫）の標準報酬月額に2分の1を掛けた額にそれぞれ改定、決定しますので（特定期間の標準賞与についても同様です）、これによって年金が分割されます。

　なお、分割の請求に基づいて分割された標準報酬は、その改定および決定があった日から将来に向かってのみその効力が生じます。

第5章　Q&A　実践　3号分割

Q46　合意による分割と3号分割の関係

> 平成20年4月1日以降は、合意による分割と3号分割の両制度が併存するのですか。それとも、3号分割だけが残るのですか。

A　→　合意分割と3号分割の併存

平成20年4月以降は、合意による分割と3号分割の両制度が併存しますので、両方の分割が可能です。しかし、夫と妻の間で合意や家庭裁判所の決定がないにもかかわらず、離婚してから分割の請求をせずに2年経過したときは、平成19年4月から実施された合意分割は請求することができず、請求するだけで分割される平成20年4月以降の3号分割のみができることになります。

→　3号分割の分割請求を行った場合

3号分割だけが請求されたことになりますので、平成20年4月以降の特定期間についてのみ年金分割が行われます。

→　平成20年3月以前の対象期間も含めて合意分割の分割請求を行った場合

合意分割の請求と同時に3号分割の請求があったものとみて、平成20年4月以降の特定期間について3号分割が行われ、それ以外の対象期間は合意分割が行われます（平成20年3月以前の第3号被保険者期間については、夫と妻の合意あるいは家庭裁判所の決定が必要であることは変わりません）。

→　分割の順序

合意による分割を行うときは、3号分割が先に行われたものとみなされます。

Q47　他の年金との関係

> 夫は、すでに他の年金をもらっていますが、3号分割との関係は、どうなるのですか。

A

● 老齢厚生年金を受けている場合

すでに老齢厚生年金の受給権のある夫が分割請求によって標準報酬の決定または改定が行われたときは、当該標準報酬改定請求のあった日の翌月から、分割された年金の額に改定されます。

● 障害厚生年金を受けている場合

夫が、特定被保険者期間の全部または一部を計算の基礎とした障害厚生年金を受けているときは、3号分割の請求をすることはできません（詳しくはQ48参照）。

Q48　障害年金受給時の分割

> 私の夫（特定被保険者）は障害厚生年金の２級を受けていますが、離婚をしたとき年金の分割はできますか。また、逆に妻（被扶養配偶者）が障害厚生年金を受けている場合も教えてください。

● ３号分割をできない場合がある

障害年金を受けている場合でも年金の分割は可能ですが、夫（特定被保険者）が障害厚生年金を受給している場合、３号分割ができない場合があります。また、障害年金を受給するための要件の中に、「初診日要件」がありますが、離婚時みなし被保険者期間に初診日があっても、要件を満たしたことにはなりません。

● 特定被保険者が障害厚生年金を受給し、３号分割ができない場合

特定被保険者である夫が障害厚生年金の受給者であり、分割対象期間がその年金額の基礎となっているときに年金の分割を行うと、夫の障害厚生年金の額が少なくなってしまいます。しかし、障害厚生年金が支給される趣旨を考えるならば、その額が少なくなってしまうのは適当でないため、被扶養配偶者（妻）からの請求により強制的に分割される３号分割はできないことになっています（合意分割は可能）。ただし夫の障害認定日が平成20年３月より前にある場合は、３号分割が行われても年金額が減らないため分割できます。

逆に被扶養配偶者である妻が障害厚生年金の受給者である場合は、年金額が増えるため、合意分割、３号分割ともに可能です。

〔図表54〕 障害厚生年金と年金分割の関係

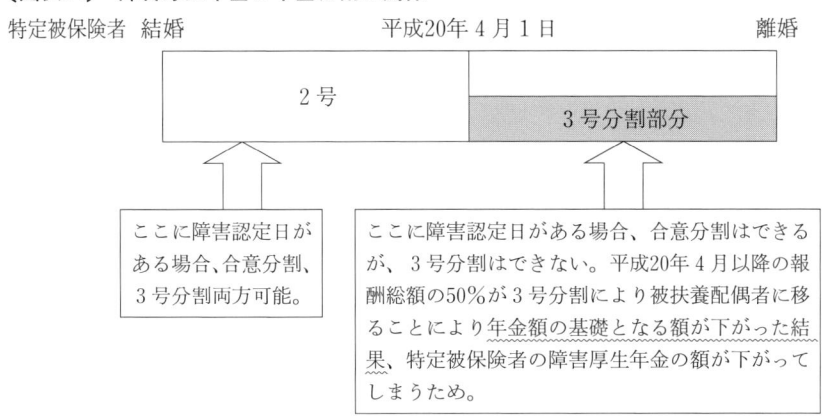

特定被保険者　結婚　　　　　　　平成20年4月1日　　　　　　　　　離婚

| 2号 | 3号分割部分 |

ここに障害認定日がある場合、合意分割、3号分割両方可能。

ここに障害認定日がある場合、合意分割はできるが、3号分割はできない。平成20年4月以降の報酬総額の50%が3号分割により被扶養配偶者に移ることにより年金額の基礎となる額が下がった結果、特定被保険者の障害厚生年金の額が下がってしまうため。

❥ 分割を受けた被扶養配偶者の障害厚生年金が減る場合

　障害厚生年金は、被保険者期間が300月に満たない場合、年金額を保障するため、300月とみなして計算することになります。これによって計算された障害厚生年金を受給している被扶養配偶者（妻）が、年金の分割をしたとき、標準報酬の総額は増えますが、平均標準報酬額が元の額より低くなる場合があり、これで300月のみなし計算をすると、元の額より低くなってしまいます。額が減ってしまうのは適当でないため、みなし被保険者期間は、300月みなしの障害厚生年金の計算の基礎としないこととされています。

〔図表55〕 分割をした被扶養配偶者の障害厚生年金が減るケース

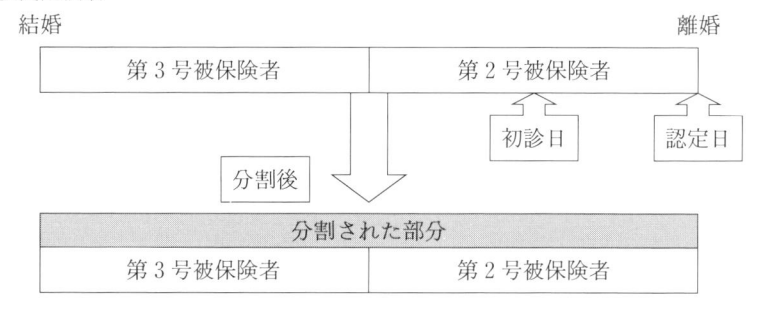

```
被扶養配偶者
    結婚                                              離婚
    ┌─────────────┬─────────────────┐
    │ 第3号被保険者 │   第2号被保険者   │
    └─────────────┴─────────────────┘
                              ↑        ↑
                            初診日    認定日
           分割後  ↓
    ┌─────────────────────────────┐
    │        分割された部分          │
    ├─────────────┬─────────────────┤
    │ 第3号被保険者 │   第2号被保険者   │
    └─────────────┴─────────────────┘
```

※分割により報酬総額は増えるが、みなし（300月）計算の基礎になる平均標準報酬額が減るため障害厚生年金の額が減ってしまうことになる。

● 障害厚生年金が支給されない場合

　障害基礎年金をもらっている被扶養配偶者が離婚したことにより、初診日がみなし被保険者期間中にあったとしても、障害厚生年金の受給要件の一つである「傷病の初診日において被保険者であること」を満たすことにはなりません。

　したがって、この期間中に傷病の初診日があったとしても、障害厚生年金の受給要件を満たすことにはならず、受給権は発生しません。

（第5章担当・小磯　治・溝口博敬）

第6章

離婚時年金分割の
シミュレーション

第6章　離婚時年金分割のシミュレーション

はじめに

　本章ではケース別に具体的な年金分割のシミュレーションをしてみます。シミュレーションは以下の条件で進めていきます。

〈テーマ〉

　ケース１：会社に勤めたことがない専業主婦の鈴木さん

　ケース２：会社に長期勤務経験がある専業主婦の山田さん

　ケース３：結婚後、夫が自営業、妻が勤務を続けた佐藤さん

　ケース４：共働き（厚生年金加入）してきた田中さん

〈内容〉

　1　年金加入記録の確認

　2　合意分割しない場合の支給開始時期・年金額の算出

　3　対象期間標準報酬総額の夫から妻への分割

　4　合意分割後の年金額の算出

　5　合意分割前と合意分割後の年金額の比較

　6　本ケースでの留意点（夫婦が気をつけること）

〈前提条件〉

　①　標準報酬総額について

　シミュレーションでは、「標準報酬総額」と「対象期間標準報酬総額」という用語を使用しています。

　「標準報酬総額」とは、平均標準報酬月額または平均標準報酬額に加入月数を乗じたものです。年金の計算の際に利用します。

　「対象期間標準報酬総額」とは、合意分割の際に、分割の対象となる「標準報酬総額」のことです。平成15年４月以降は、「標準報酬総額」と同じ額となりますが、平成15年３月以前は、「標準報酬総額」を1.3倍しています。

　②　年金額の計算について

　報酬比例部分の額の計算は、従前額保障方式を採用しました。

物価スライドは0.978（平成25年度のスライド率）を使用しました。また、年金額等も平成25年度のものを使用しています。平均標準報酬月額または平均標準報酬額に加入月数を乗じたものを、標準報酬総額または対象期間標準報酬総額とまとめたかたちで計算しています（詳細は第4章Ⅲ　合意分割の計算方法と金額Q27をご参照ください）。

また、年金額は、離婚までの加入期間で算出しています。したがって、実際の受給額を示すものではありませんので、ご注意ください。

なお、ケース2・4では、端数処理の関係で「5　合意分割前と合意分割後の年金の比較」の表と100円の誤差が生じています。

【ケース１】　会社に勤めたことがない専業主婦の鈴木さんの場合

　会社に勤めた経験がなく、結婚により専業主婦になった鈴木さんの場合をみてみましょう。

1　年金加入記録の確認

夫：昭和22年5月1日生まれ。昭和45年4月1日にかすみ商事㈱に入社。

　　入社してから現在まで厚生年金の被保険者です。

　　標準報酬総額

・入社から結婚まで　……………………………3,420万円（90月）
・結婚から平成15年3月まで　………………12,240万円（306月）
・平成15年4月から平成19年4月まで　………2,450万円（49月）

　　対象期間標準報酬総額（平成15年3月までは標準報酬総額を1.3倍して計算）

・結婚から平成15年3月まで　………………15,912万円（306月）
・平成15年4月から平成19年4月まで　………2,450万円（49月）

妻：昭和25年9月1日生まれ。会社に勤めた経験はありません。

　　結婚前は国民年金に加入しています。

　　結婚により、専業主婦となりました。

　　結婚してから昭和61年4月1日前までは国民年金未加入期間ですが、その後は第3号被保険者期間になります。

　　対象期間標準報酬総額

・婚姻期間中の標準報酬総額はありませんので0円です。

結婚：昭和52年10月10日

離婚：平成19年5月5日

【ケース1】 会社に勤めたことがない専業主婦の鈴木さんの場合

〔図表56〕 ケース1の年金加入状況

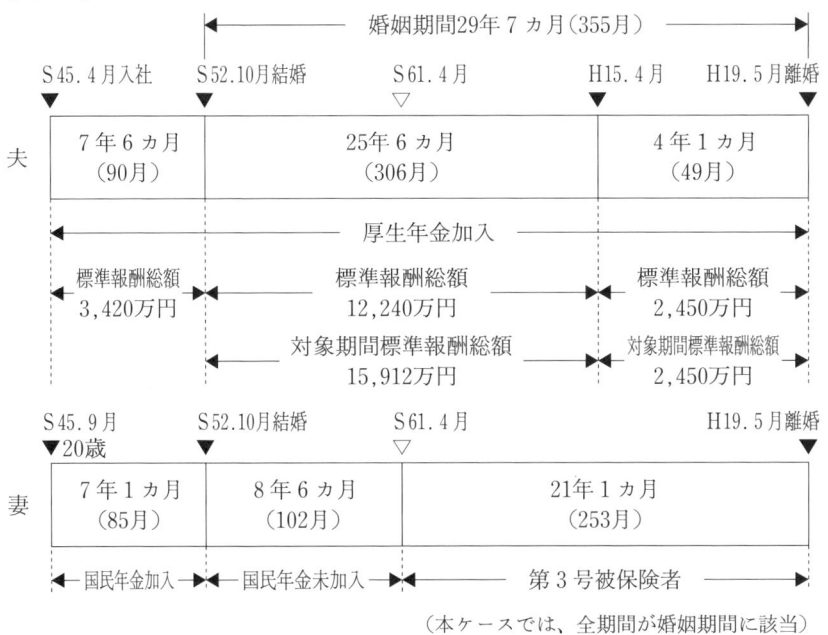

```
                 ←――――――― 婚姻期間29年7ヵ月（355月）―――――――→
        S45.4月入社  S52.10月結婚   S61.4月        H15.4月    H19.5月離婚
           ▼           ▼           ▽             ▼           ▼
        ┌─────────┬──────────────────────────┬──────────────┐
   夫   │ 7年6ヵ月 │        25年6ヵ月         │   4年1ヵ月   │
        │ （90月） │        （306月）         │   （49月）   │
        └─────────┴──────────────────────────┴──────────────┘
        ←―――――――――――― 厚生年金加入 ―――――――――――→
        ←―標準報酬総額―→←―― 標準報酬総額 ――→←―標準報酬総額―→
          3,420万円         12,240万円            2,450万円
                          ←―― 対象期間標準報酬総額 ―→←対象期間標準報酬総額→
                                15,912万円              2,450万円

        S45.9月       S52.10月結婚  S61.4月                  H19.5月離婚
        ▼20歳            ▼           ▽                         ▼
        ┌─────────┬──────────┬────────────────────────────┐
   妻   │ 7年1ヵ月 │ 8年6ヵ月 │         21年1ヵ月          │
        │ （85月） │（102月） │         （253月）          │
        └─────────┴──────────┴────────────────────────────┘
        ←国民年金加入→←国民年金未加入→←――― 第3号被保険者 ―――→
```

（本ケースでは、全期間が婚姻期間に該当）

2　合意分割しない場合の支給開始時期・年金額の算出

まず、夫婦が合意分割をしない場合において、年金の支給開始時期と受給額を確認します。

(1) 夫（合意分割しない場合）

(A) 支給開始時期

報酬比例部分60歳支給、定額部分64歳支給

(B) 支給額

以下の条件で計算します。

- 標準報酬総額（昭和45年4月から平成15年3月まで：396月）：15,660万円
- 標準報酬総額（平成15年4月から平成19年4月まで：49月）：2,450万円
- 従前額保障
- 離婚までの期間を、加入期間とします。

① 報酬比例部分（60歳支給）

平成15年3月までの期間

$$156,600,000 \underset{(標準報酬総額)}{} \times \frac{7.5}{1,000} \times 1.031 \times 0.978 = 1,184,269 円$$

平成15年4月以降の期間

$$24,500,000 \underset{(標準報酬総額)}{} \times \frac{5.769}{1,000} \times 1.031 \times 0.978 = 142,516 円$$

合計：1,184,269＋142,516＝1,326,785円

② 定額部分（64歳支給）

1,676円×1.000×445月×0.978＝729,412円

③ 加給年金：393,200円（特別加算含む）

夫が20年以上厚生年金に加入しているため、夫の定額部分の年金が支給開始されると、加給年金が加算されます（65歳未満で年収850万円未満の妻が65歳になるまで支給）。

④ 老齢基礎年金（65歳支給）

$$786,500 \times \frac{445月}{480月} = 729,151 \rightarrow 729,200 円$$

⑤ 差額加算

$$729,412 - 786,500 \times \frac{445月}{480月} = 261 円$$

(2) **妻（合意分割しない場合）**

  (A) **支給開始時期**

65歳から老齢基礎年金を支給。

  (B) **支給額**

以下の条件で計算します。

- 従前額保障
- 離婚までの期間を保険料納付済期間とします。

  国民年金に加入していた期間：85月

  （昭和45年9月から昭和52年9月まで）

第3号被保険者期間：253月

（昭和61年4月から平成19年4月まで）

85月＋253月＝338月

① 老齢基礎年金（65歳支給）

$$786,500 \times \frac{338月}{480月} = 553,827 \rightarrow 553,800円$$

② 振替加算：81,500円

夫の老齢厚生年金についていた加給年金は、妻が65歳になると妻の生年月日によって「振替加算」として妻の老齢基礎年金につきます。

(3) 夫婦の年金額のまとめ

以上の内容をまとめると、〔図表57〕のとおりになります。

〔図表57〕 ケース1の年金額のイメージ

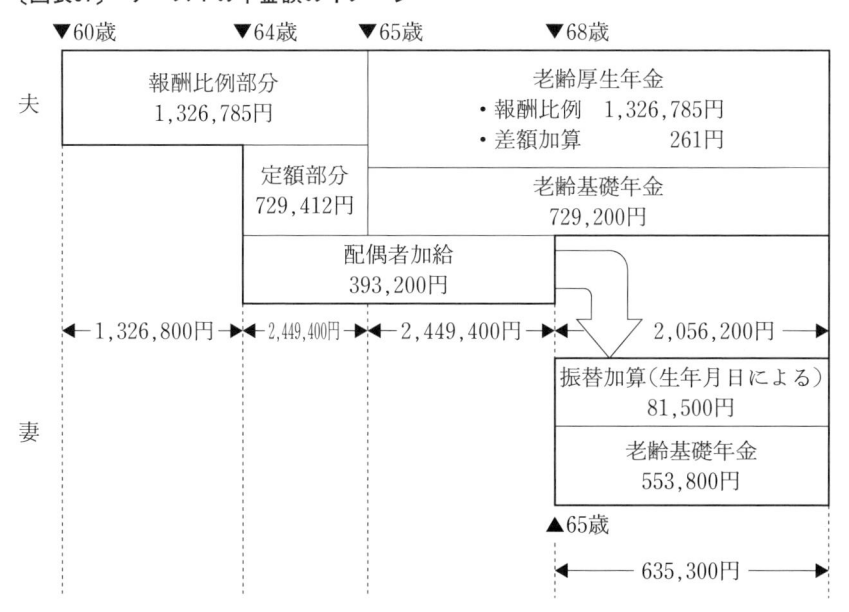

	▼60歳	▼64歳	▼65歳	▼68歳	
夫		報酬比例部分 1,326,785円	定額部分 729,412円 配偶者加給 393,200円	老齢厚生年金・報酬比例 1,326,785円・差額加算 261円 老齢基礎年金 729,200円	
	←1,326,800円→	←2,449,400円→	←2,449,400円→	← 2,056,200円 →	
妻				振替加算（生年月日による）81,500円 老齢基礎年金 553,800円	
				▲65歳 ← 635,300円 →	

3　対象期間標準報酬総額の夫から妻への分割

合意分割は、婚姻期間中の対象期間標準報酬総額の多いほうから少ないほうへの分割になります。このケースでは、婚姻期間中において妻は専業主婦

189

であり、厚生年金に加入していませんので、夫から妻へ対象期間標準報酬総額の一部が分割されます。

したがって、第1号改定者が夫、第2号改定者が妻になります。

対象期間標準報酬総額は、平成15年3月までの被保険者期間は、1.3倍して計算します。

〔図表58〕 ケース1の年金分割のイメージ

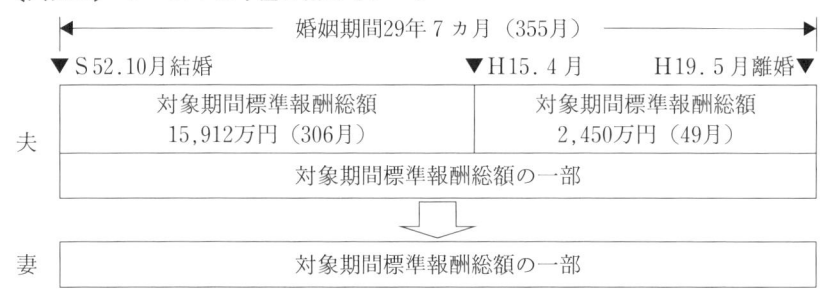

```
                婚姻期間29年7ヵ月（355月）
    ▼S52.10月結婚              ▼H15.4月    H19.5月離婚▼
         対象期間標準報酬総額        対象期間標準報酬総額
夫        15,912万円（306月）       2,450万円（49月）
              対象期間標準報酬総額の一部
                      ⇩
妻            対象期間標準報酬総額の一部
```

それでは、次に具体的に対象期間標準報酬総額を分割します。ここでは、按分割合を50％と設定し、まず改定割合を算出します。算出式の詳細は、「第4章Ⅲ　年金分割の計算方法と金額」をご参照ください。

$$改定割合 = \frac{0.5 - 0円 \div 18,362万円 \times (1 - 0.5)}{0.5 - 0.5 \times 1 + 1}$$

$$= 0.5$$

以上から、〔図表59〕のように対象期間標準報酬総額が分割されます。

〔図表59〕 ケース1の対象期間標準報酬総額（改定割合0.5で分割）

```
                    ▼──婚姻期間29年7ヵ月（355月）──▶▼
  S45.4月入社  S52.10月結婚          H15.4月    H19.5月離婚
       標準報酬総額    対象期間標準報酬総額   対象期間標準報酬総額
夫     3420万円         7,956万円            1,225万円
                    対象期間標準報酬総額9,181万円
               対象期間標準報酬総額の一部  対象期間標準報酬総額の一部
妻                 7,956万円              1,225万円
                    対象期間標準報酬総額9,181万円
```

4　合意分割後の年金額の算出

合意分割後の夫婦の年金額を算出します。

(1)　夫（合意分割後）

(A)　支給開始時期

報酬比例部分60歳支給、定額部分64歳支給

(B)　支給額

以下の条件で計算します。

- 標準報酬総額

  結婚前（昭和45年4月から昭和52年9月まで）……………3,420万円

- 対象期間標準報酬総額

  結婚後から離婚月の前月まで（昭和52年10月から平成19年4月まで）

  …………………………………………………………………9,181万円

- 従前額保障

① 報酬比例部分（60歳支給）

　結婚前の期間

$$\underset{\text{（標準報酬総額）}}{34,200,000} \times \frac{7.5}{1,000} \times 1.031 \times 0.978 = 258,634 円$$

　結婚してから離婚までの期間

$$\underset{\begin{subarray}{c}\text{対象期間}\\\text{標準報酬総額}\end{subarray}}{91,810,000} \times \frac{5.769}{1,000} \times 1.031 \times 0.978 = 534,058 円$$

　合計：258,634＋534,058＝792,692円

② 加給年金：0円

　定額部分が支給される64歳には離婚しているため、加給年金はつきません。

以下の金額は、分割前と同じです。

③ 定額部分（64歳支給）：729,412円

④ 老齢基礎年金（65歳支給）：729,200円

⑤　差額加算：261円

(2)　妻（合意分割後）

(A)　支給開始時期

65歳から老齢厚生年金と老齢基礎年金を支給。

(B)　支給額

以下の条件で計算します。

- 対象期間標準報酬総額

  結婚後から離婚月の前月まで（昭和52年10月から平成19年4月まで）

  ……………………………………………………………………9,181万円

- 従前額保障
- 保険料納付済期間

  結婚前（昭和45年9月から昭和52年9月まで）：85月

  結婚後から離婚月の前月までの第3号被保険者期間

  （昭和61年4月から平成19年4月まで）：253月

  85月＋253月＝338月

① 婚姻期間中の納付記録の一部（65歳支給）

　結婚してから離婚までの期間

$$\left(\begin{array}{c}91{,}810{,}000 \\ \text{対象期間} \\ \text{標準報酬総額}\end{array}\right) \times \frac{5.769}{1000} \times 1.031 \times 0.978 = 534{,}058 \to 534{,}100円$$

② 振替加算：0円

　合意分割により離婚時みなし被保険者期間が20年以上（このケースは355月）妻につきますので、振替加算はつかなくなります。

以下の金額は、分割前と同じです。

③ 老齢基礎年金（65歳支給）：553,800円

(3) 夫婦の年金額のまとめ

以上の内容をまとめると、〔図表60〕のとおりになります。

〔図表60〕 ケース1の年金額のイメージ

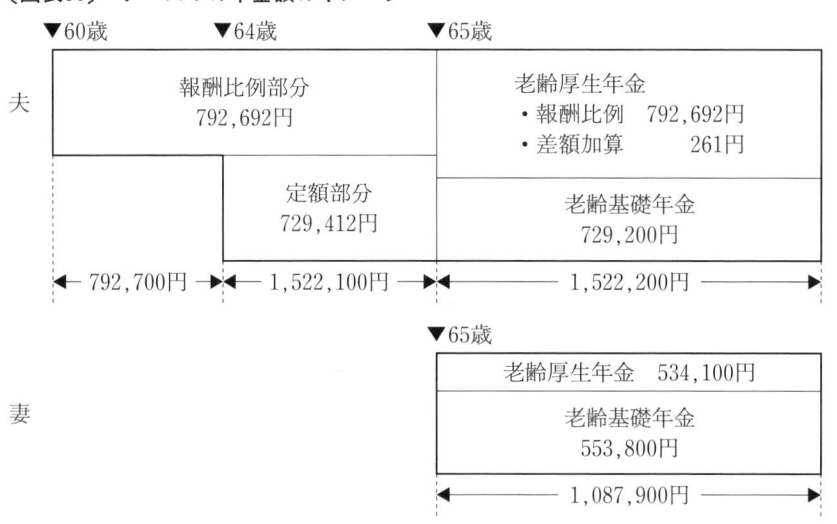

夫

▼60歳	▼64歳	▼65歳	
報酬比例部分 792,692円		老齢厚生年金 ・報酬比例　792,692円 ・差額加算　　　261円	
	定額部分 729,412円	老齢基礎年金 729,200円	
←792,700円→	←1,522,100円→	←　　　1,522,200円　　　→	

妻

▼65歳

老齢厚生年金　534,100円
老齢基礎年金 553,800円
←　　1,087,900円　　→

193

5 合意分割前と合意分割後の年金額の比較

〔図表61〕は、合意分割しない場合と合意分割をした場合を比較したものです。

〔図表61〕 ケース1の合意分割前と分割後の比較

(単位:円)

			合意分割しない場合				合意分割した場合		
			60歳時	64歳時	65歳時	68歳時	60歳時	64歳時	65歳時
夫	老齢厚生年金	報酬比例	1,326,785	1,326,785	1,326,785	1,326,785	792,692	792,692	792,692
		定額	0	729,412	0	0	0	729,412	0
		差額加算	0	0	261	261	0	0	261
		加給年金	0	393,200	393,200	0	0	0	0
		合計	1,326,800	2,449,400	1,720,200	1,327,000	792,700	1,522,100	793,000
	老齢基礎年金		0	0	729,200	729,200	0	0	729,200
	合計		1,326,800	2,449,400	2,449,400	2,056,200	792,700	1,522,100	1,522,200
	合意分割前との比較						-534,100	-927,300	-927,200

			合意分割しない場合				合意分割した場合		
			60歳時	64歳時	65歳時	68歳時	60歳時	64歳時	65歳時
妻	老齢厚生年金	報酬比例	0	0	0	0	0	0	534,100
		定額	0	0	0	0	0	0	0
		差額加算	0	0	0	0	0	0	0
		合計	0	0	0	0	0	0	534,100
	老齢基礎年金		0	0	553,800	553,800	0	0	553,800
		振替加算	0	0	81,500	81,500	0	0	0
		合計	0	0	635,300	635,300	0	0	553,800
	合計		0	0	635,300	635,300	0	0	1,087,900
	合意分割前との比較						0	0	452,600

6　このケースでの留意点（夫婦が気をつけること）

【夫の年金額】

① 夫の合意分割前の年金（64歳時と65歳時）には、加給年金（393,200円）がつきますが、夫が68歳になったときに妻が65歳になりますので、夫の加給年金が支給停止となり、妻の年金に振替加算がつきます。

② 合意分割をした場合は、夫には加給年金はつきませんので、夫の年金額は大幅に減少することになります。

【妻の年金額】

① 夫の在職中は、第3号被保険者で保険料を支払うことはありませんが、夫が退職した後は、妻は60歳まで第1号被保険者として国民年金を納付しなければなりません。

② 鈴木（妻）さんは、厚生年金加入期間がありませんので、離婚後受給資格を得ても、離婚時みなし被保険者期間における老齢厚生年金が支給されるのは、65歳からになります。

③ 妻が65歳まで合意分割をせず、65歳になって振替加算が妻についた場合でも、いったん加算されれば、離婚しても支給がなくなることはなく生涯支給されます。

④ ただし、対象期間の分割を受けて「離婚時みなし被保険者期間」を含めた厚生年金の被保険者期間が20年以上になった場合は、振替加算はその時から支給されなくなります。

⑤ 鈴木（妻）さんの場合、厚生年金の被保険者期間はありませんが、離婚時みなし被保険者期間が29年7カ月（355月）になるので、振替加算は、つかなくなります。

（ケース1担当・吉田直子）

【ケース２】　会社に長期勤務経験がある専業主婦の山田さんの場合

　以前、会社に長期間勤めていましたが、結婚をきっかけに専業主婦になった山田さんの場合をみてみましょう。

1　年金加入記録の確認

　夫：昭和23年8月29日生まれ。昭和46年4月1日に小口製作所㈱に入社。

　　入社してから現在まで厚生年金の被保険者です。

　　　標準報酬総額
- 入社から結婚まで　……………………………7,320万円（244月）
- 結婚から平成15年3月まで　…………………4,200万円（140月）
- 平成15年4月から平成19年3月まで　………2,400万円（ 48月）

　　　対象期間標準報酬総額（平成15年3月までは標準報酬総額を1.3倍して計算）
- 結婚から平成15年3月まで　…………………5,460万円（140月）
- 平成15年4月から平成19年3月まで　………2,400万円（ 48月）

　妻：昭和22年9月15日生まれ。昭和45年4月1日に深吉産業㈱に入社。

　　結婚後は退社して専業主婦をしています。

　　　標準報酬総額
- 入社から結婚まで　……………………………5,120万円（256月）

　　　対象期間標準報酬総額
- 婚姻期間中の標準報酬総額はありませんので0円です。

　結婚：平成3年8月15日

　離婚：平成19年4月4日

【ケース２】 会社に長期勤務経験がある専業主婦の山田さんの場合

〔図表62〕 ケース２の年金加入状況

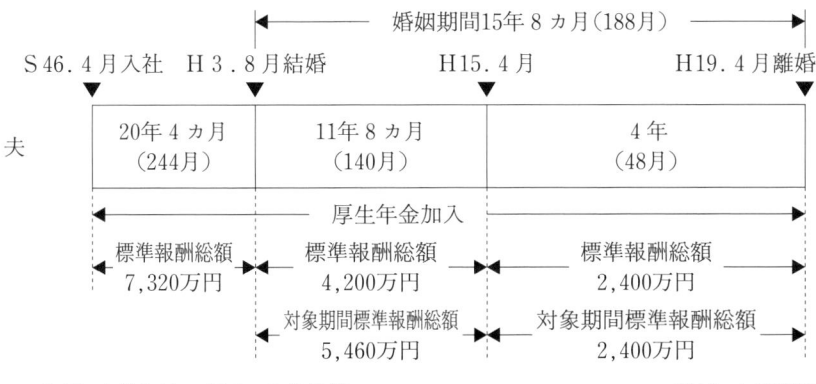

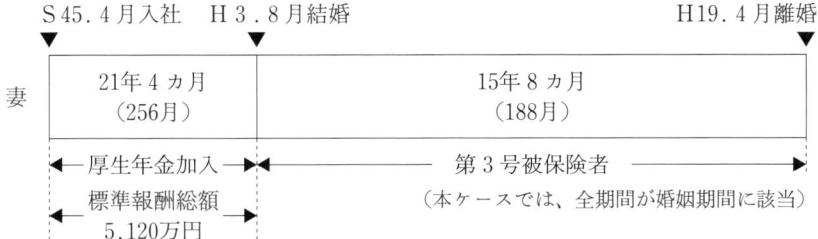

```
                    ◀─────── 婚姻期間15年8ヵ月（188月） ───────▶
     S46.4月入社  H3.8月結婚       H15.4月              H19.4月離婚
        ▼           ▼              ▼                    ▼
     ┌──────────┬──────────────┬────────────────────┐
夫   │ 20年4ヵ月 │  11年8ヵ月   │       4年          │
     │ （244月） │  （140月）   │     （48月）       │
     └──────────┴──────────────┴────────────────────┘
     ◀────────────── 厚生年金加入 ──────────────────▶
     ◀──────────▶◀────────────▶◀──────────────────▶
      標準報酬総額  標準報酬総額    標準報酬総額
       7,320万円    4,200万円       2,400万円
                 ◀────────────▶◀──────────────────▶
                 対象期間標準報酬総額 対象期間標準報酬総額
                    5,460万円          2,400万円

     S45.4月入社  H3.8月結婚                          H19.4月離婚
        ▼           ▼                                 ▼
     ┌──────────┬─────────────────────────────────┐
妻   │ 21年4ヵ月 │        15年8ヵ月                │
     │ （256月） │        （188月）                │
     └──────────┴─────────────────────────────────┘
     ◀厚生年金加入▶◀────── 第3号被保険者 ──────────▶
      標準報酬総額   （本ケースでは、全期間が婚姻期間に該当）
       5,120万円
```

2　合意分割しない場合の支給開始時期・年金額の算出

　まず、夫婦が合意分割をしない場合において、年金の支給開始時期と受給額を確認します。

(1)　夫（合意分割しない場合）

(A)　支給開始時期

報酬比例部分60歳支給、定額部分64歳支給

(B)　支給額

以下の条件で計算します。

- 標準報酬総額（昭和46年4月から平成15年3月まで：384月）：11,520万円
  標準報酬総額（平成15年4月から平成19年3月まで：48月）：2,400万円
- 従前額保障
- 離婚までの期間を加入期間とします

① 　報酬比例部分（60歳支給）

平成15年3月までの期間

$$115{,}200{,}000 \underset{\text{(標準報酬総額)}}{} \times \frac{7.5}{1{,}000} \times 1.031 \times 0.978 = 871{,}187 円$$

平成15年4月以降の期間

$$24{,}000{,}000 \underset{\text{(標準報酬総額)}}{} \times \frac{5.769}{1{,}000} \times 1.031 \times 0.978 = 139{,}608 円$$

合計：871,187＋139,608＝1,010,795円

② 定額部分（64歳支給）

1,676円×1.000×432月×0.978＝708,103円

③ 加給年金

本ケースでは支給停止と考えてください。

④ 老齢基礎年金（65歳支給）

$$786{,}500 \times \frac{432月}{480月} = 707{,}850 \rightarrow 707{,}900 円$$

⑤ 差額加算

708,103円－707,850円＝253円

(2) 妻（合意分割しない場合）

(A) 支給開始時期

報酬比例部分60歳支給、定額部分61歳支給

(B) 支給額

以下の条件で計算します。

・標準報酬総額（昭和45年4月から平成3年7月まで：256月）：5,120万円

・従前額保障

① 報酬比例部分（60歳支給）

$$51{,}200{,}000 \underset{\text{(標準報酬月額)}}{} \times \frac{7.5}{1{,}000} \times 1.031 \times 0.978 = 387{,}194 円$$

② 定額部分（61歳支給）

1,676円×1.000×256月×0.978＝419,617円

【ケース2】 会社に長期勤務経験がある専業主婦の山田さんの場合

③ 加給年金

本ケースでは支給停止と考えてください。

④ 老齢基礎年金（65歳支給）

$$786,500 \times \frac{444月}{480月} = 727,513 \rightarrow 727,500円$$

⑤ 差額加算

$$419,617 - 786,500 \times \frac{256月}{480月} = 150円$$

ここでの差額加算は、定額部分から厚生年金加入期間中（256か月）に該当する老齢基礎年金を差し引くことで算出します。

(3) 夫婦の年金額のまとめ

以上の内容をまとめますと、〔図表63〕のとおりになります。

〔図表63〕 ケース2の年金額のイメージ

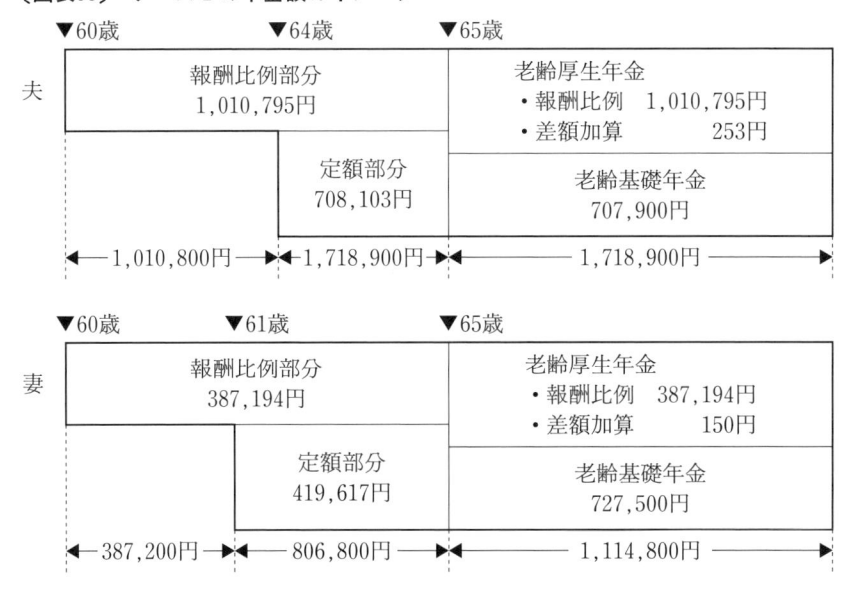

夫

▼60歳	▼64歳	▼65歳	
報酬比例部分 1,010,795円		老齢厚生年金・報酬比例 1,010,795円・差額加算 253円	
	定額部分 708,103円	老齢基礎年金 707,900円	
←1,010,800円→	←1,718,900円→	←1,718,900円→	

妻

▼60歳	▼61歳	▼65歳	
報酬比例部分 387,194円		老齢厚生年金・報酬比例 387,194円・差額加算 150円	
	定額部分 419,617円	老齢基礎年金 727,500円	
←387,200円→	←806,800円→	←1,114,800円→	

3　対象期間標準報酬総額の夫から妻への分割

　年金分割は、婚姻期間中の対象期間標準報酬総額の多いほうから少ないほうへの分割になります。このケースでは、婚姻期間中において妻は専業主婦であり、厚生年金に加入していませんので、夫から妻へ対象期間標準報酬総額の一部が分割されるかたちになります。

　したがって、第1号改定者が夫、第2号改定者が妻になります。

　対象期間標準報酬総額は、平成15年3月までの被保険者期間は1.3倍して計算します。

〔図表64〕　ケース2における夫から妻への分割

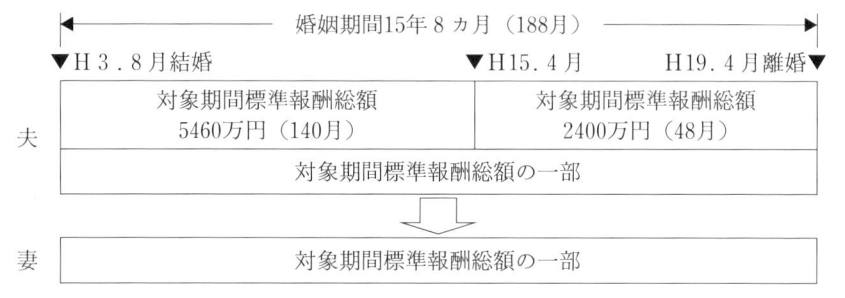

```
          ◀─────── 婚姻期間15年8ヵ月（188月）───────▶
          ▼H 3. 8月結婚              ▼H15. 4月      H19. 4月離婚▼
        ┌─────────────────────────┬─────────────────────┐
        │  対象期間標準報酬総額        │  対象期間標準報酬総額   │
        │  5460万円（140月）          │  2400万円（48月）      │
   夫   ├─────────────────────────┴─────────────────────┤
        │          対象期間標準報酬総額の一部              │
        └─────────────────────────────────────────────────┘
                              ⇩
        ┌─────────────────────────────────────────────────┐
   妻   │          対象期間標準報酬総額の一部              │
        └─────────────────────────────────────────────────┘
```

　それでは、次に具体的に対象期間標準報酬総額を分割します。ここでは、按分割合を50%と設定します。まず、改定割合を算出します。算出式の詳細は、「第4章Ⅲ　年金分割の計算方法と金額」をご参照ください。

$$改定割合 = \frac{0.5 - 0円 \div 7860万円 \times (1 - 0.5)}{0.5 - 0.5 \times 1 + 1}$$

$$= 0.5$$

　以上から、〔図表65〕のように対象期間標準報酬総額が分割されます。

【ケース2】 会社に長期勤務経験がある専業主婦の山田さんの場合

〔図表65〕 ケース2の対象期間標準報酬総額の分割のイメージ（改定割合0.5で分割）

```
                    ◄──────── 婚姻期間15年8カ月（188月）────────►
S46.4月入社    H3.8月結婚         H15.4月              H19.4月離婚
     ▼            ▼                 ▼                     ▼
夫  ┌──────────────┬──────────────────┬──────────────────┐
    │ 標準報酬総額 │ 対象期間標準報酬総額│ 対象期間標準報酬総額│
    │  7,320万円   │    2,730万円     │    1,200万円     │
    └──────────────┴──────────────────┴──────────────────┘

S45.4月入社                  対象期間標準報酬総額3,930万円
     ▼
妻  ┌──────────────┬──────────────────┬──────────────────┐
    │ 標準報酬総額 │対象期間標準報酬総額│対象期間標準報酬総額│
    │  5,120万円   │    の一部        │    の一部        │
    │              │    2,730万円     │    1,200万円     │
    └──────────────┴──────────────────┴──────────────────┘
                             対象期間標準報酬総額3,930万円
```

4 合意分割後の年金額の算出

合意分割後の夫婦の年金額を算出します。

(1) 夫（合意分割後）

(A) 支給開始時期

報酬比例部分60歳支給、定額部分64歳支給

(B) 支給額

以下の条件で計算します。

- 標準報酬総額

  結婚前（昭和46年4月から平成3年7月まで）……………7,320万円

- 対象期間標準報酬総額

  結婚後から離婚月の前月まで（平成3年8月から平成19年3月まで）

  ……………………………………………………………………3,930万円

- 従前額保障

① 報酬比例部分（60歳支給）

  結婚前の期間

$$\underset{\text{(標準報酬総額)}}{73,200,000} \times \frac{7.5}{1,000} \times 1.031 \times 0.978 = 553,567\text{円}$$

結婚してから離婚までの期間

$$39,300,000 \begin{pmatrix} \text{対象期間} \\ \text{標準報酬総額} \end{pmatrix} \times \frac{5.769}{1,000} \times 1.031 \times 0.978 = 228,608 円$$

合計：553,567＋228,608＝782,175円

以下の金額は分割前と同じです。

② 定額部分（64歳支給）：708,103円

③ 加給年金：本ケースでは支給停止と考えてください。

④ 老齢基礎年金（65歳支給）：707,900円

⑤ 差額加算：253円

(2) 妻（合意分割後）

(A) 支給開始時期

報酬比例部分60歳支給、定額部分61歳支給

(B) 支給額

以下の条件で計算します。

- 標準報酬総額

　結婚前（昭和46年4月から平成3年7月まで）　…………5,120万円

- 対象期間標準報酬総額

　結婚後から離婚月の前月まで（平成3年8月から平成19年3月まで）

　…………………………………………………………3,930万円

- 従前額保障

① 報酬比例部分（60歳支給）

結婚前の期間

$$51,200,000 \begin{pmatrix} \text{対象期間} \\ \text{標準報酬総額} \end{pmatrix} \times \frac{7.5}{1,000} \times 1.031 \times 0.978 = 387,194 円$$

結婚してから離婚までの期間

【ケース２】 会社に長期勤務経験がある専業主婦の山田さんの場合

$$\underset{\substack{\text{対象期間}\\\text{標準報酬総額}}}{39{,}300{,}000} \times \frac{5.769}{1{,}000} \times 1.031 \times 0.978 = 228{,}608\text{円}$$

合計：387,194＋228,608＝615,802円

以下の金額は分割前と同じです。

② 定額部分（61歳支給）：419,617円

③ 加給年金：本ケースでは支給停止と考えてください。

④ 老齢基礎年金（65歳支給）：727,500円

⑤ 差額加算：150円

(3) **夫婦の年金額のまとめ**

以上の内容をまとめると、〔図表66〕のとおりになります。

〔図表66〕 ケース２の年金額のイメージ

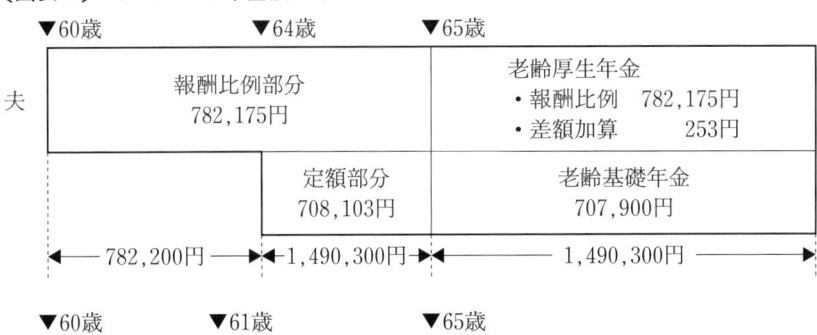

夫　▼60歳　▼64歳　▼65歳

報酬比例部分 782,175円	老齢厚生年金・報酬比例　782,175円・差額加算　　253円
	定額部分 708,103円	老齢基礎年金 707,900円

←── 782,200円 ──→←1,490,300円→←── 1,490,300円 ──→

妻　▼60歳　▼61歳　▼65歳

報酬比例部分 615,802円	老齢厚生年金・報酬比例　615,802円・差額加算　　150円
	定額部分 419,617円	老齢基礎年金 727,500円

←─615,800円─→←1,035,400円→←── 1,343,500円 ──→

5　合意分割前と合意分割後の年金額の比較

〔図表67〕は、合意分割しない場合と合意分割した場合を比較したものです。

〔図表67〕　ケース2の合意分割前と分割後の比較

（単位：円）

			合意分割しない場合			合意分割した場合		
			60歳時	64歳時	65歳時	60歳時	64歳時	65歳時
夫	老齢厚生年金	報酬比例	1,010,795	1,010,795	1,010,795	782,175	782,175	782,175
		定額	0	708,103	0	0	708,103	0
		差額加算	0	0	203	0	0	253
		合計	1,010,800	1,718,900	1,011,000	782,200	1,490,300	782,400
	老齢基礎年金		0	0	707,900	0	0	707,900
	合計		1,010,800	1,718,900	1,718,900	782,200	1,490,300	1,490,300
	合意分割前との比較					-228,600	-228,600	-228,600

			合意分割しない場合			合意分割した場合		
			60歳時	61歳時	65歳時	60歳時	61歳時	65歳時
妻	老齢厚生年金	報酬比例	387,194	387,194	387,194	615,802	615,802	615,802
		定額	0	419,617	0	0	419,617	0
		差額加算	0	0	150	0	0	150
		合計	387,200	806,800	387,300	615,800	1,035,400	616,000
	老齢基礎年金				727,500	0	0	727,500
	合計		387,200	806,800	1,114,800	615,800	1,035,400	1,343,500
	合意分割前との比較					228,600	228,600	228,700

6　このケースでの留意点（夫婦が気をつけること）

今回は、按分割合を50％にしましたが、50％以下の範囲であれば任意に設定できるので、夫婦でよく話し合って決定されるとよいと思います。

また、本ケースは妻が結婚後、会社退職後に専業主婦をしていますが、もし、今回のケースとは異なり、妻自身の厚生年金加入期間が1年未満ですと、年金は原則として65歳からの支給になるので、注意が必要です。

（ケース2担当・坂本直紀）

【ケース３】　結婚後、夫が自営業、妻が勤務を続けた佐藤さんの場合

結婚後、夫がサラリーマンから自営業へ、妻は会社勤務を続けた佐藤さんの場合をみてみましょう。

1　年金加入記録の確認

夫：昭和22年９月15日生まれ。昭和44年４月１日に未来食品㈱に入社し、昭和56年８月に退社するまで厚生年金の被保険者です。その後、独立し、実家の佐藤そば店の後を継いだため、国民年金の被保険者となり、現在も第１号被保険者です。

標準報酬総額
- 入社から結婚まで ……………………………1,248万円（ 48月）
- 結婚から昭和56年７月まで …………………2,000万円（100月）

対象期間標準報酬総額（平成15年３月までは標準報酬を1.3倍して計算）
- 結婚から昭和56年７月まで …………………2,600万円（100月）

妻：昭和25年12月24日生まれ。昭和47年４月１日に㈱八島繊維に入社。

標準報酬総額
- 入社から結婚まで ………………………………264万円（ 12月）
- 結婚から平成15年３月まで …………………8,000万円（360月）
- 平成15年４月から平成19年５月まで …………2,600万円（ 50月）

対象期間標準報酬総額（平成15年３月までは標準報酬を1.3倍して計算）
- 結婚から平成15年３月まで ………………10,400万円（360月）
- 平成15年４月から平成19年５月まで …………2,600万円（ 50月）

結婚：昭和48年４月１日
離婚：平成19年６月６日

〔図表68〕 ケース3の年金加入状況

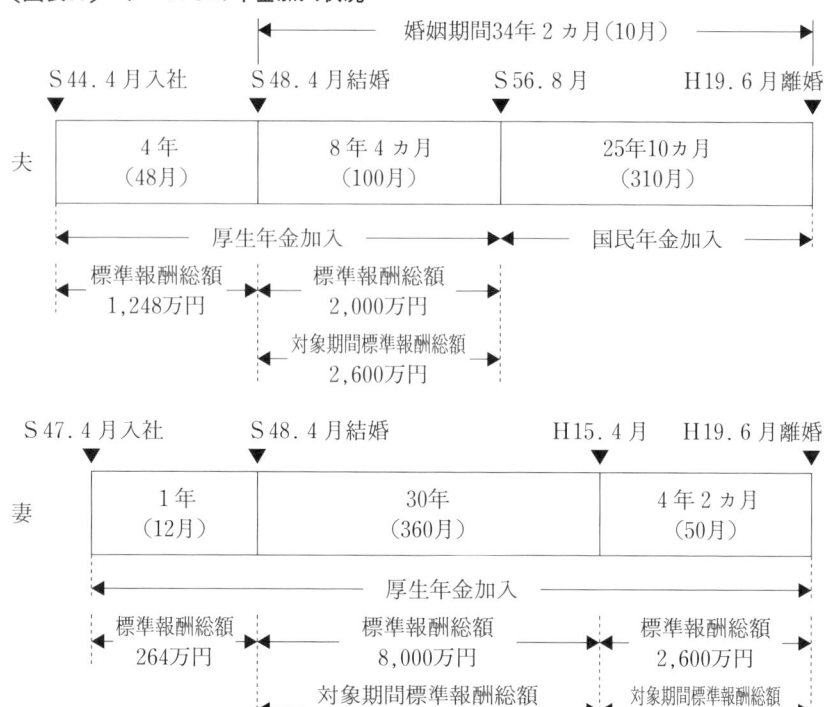

夫：S44.4月入社 — S48.4月結婚 — S56.8月 — H19.6月離婚
婚姻期間34年2ヵ月（10月）
- 4年（48月）
- 8年4ヵ月（100月）
- 25年10ヵ月（310月）

厚生年金加入：標準報酬総額 1,248万円 ／ 標準報酬総額 2,000万円
対象期間標準報酬総額 2,600万円
国民年金加入

妻：S47.4月入社 — S48.4月結婚 — H15.4月 — H19.6月離婚
- 1年（12月）
- 30年（360月）
- 4年2ヵ月（50月）

厚生年金加入：標準報酬総額 264万円 ／ 標準報酬総額 8,000万円 ／ 標準報酬総額 2,600万円
対象期間標準報酬総額 10,400万円 ／ 対象期間標準報酬総額 2,600万円

2　合意分割しない場合の支給開始時期・年金額の算出

　まず、夫婦が合意分割をしない場合において、年金の支給開始時期と受給額を確認します。

(1)　夫（合意分割しない場合）

(A)　支給開始時期

報酬比例部分60歳支給、定額部分64歳支給

(B)　支給額

以下の条件で計算します。

- 標準報酬総額（昭和44年4月から昭和56年7月まで：148月）：3,248万円
- 従前額保障

① 報酬比例部分（60歳支給）

$$32{,}480{,}000 \underset{(\text{標準報酬総額})}{} \times \frac{7.5}{1000} \times 1.031 \times 0.978 = 245{,}626 円$$

② 定額部分（64歳支給）

$$1{,}676 \times 1.000 \times 148月 \times 0.978 = 242{,}591 円$$

③ 加給年金

本ケースでは支給停止と考えてください。

④ 老齢基礎年金（65歳支給）

$$786{,}500 \times \frac{458月}{480月} = 750{,}452 \rightarrow 750{,}500 円$$

⑤ 差額加算

$$242{,}590 - 786{,}500 \times \frac{148月}{480月} = 86 円$$

ここでの差額加算は、定額部分から厚生年金加入期間中（148ヵ月）に該当する老齢基礎年金を差し引くことで算出します。

(2) 妻（合意分割しない場合）

(A) 支給開始時期

報酬比例部分60歳支給、定額部分63歳支給

(B) 支給額

以下の条件で計算します。

・標準報酬総額（昭和47年4月から平成15年3月まで：372月）：8,264万円
　標準報酬総額（平成15年4月から平成19年5月まで：50月）：2,600万円

・従前額保障

・離婚までの期間を加入期間とします。

① 報酬比例部分（60歳支給）

平成15年3月までの期間

$$82{,}640{,}000 \underset{(\text{標準報酬総額})}{} \times \frac{7.5}{1000} \times 1.031 \times 0.978 = 624{,}955 円$$

平成15年4月以降の期間

$$26,000,000 \underset{(標準報酬総額)}{} \times \frac{5.769}{1000} \times 1.031 \times 0.978 = 151,242 円$$

合計：624,955＋151,242＝776,197円

② 定額部分（63歳支給）

1,676円×1.000×422月×0.978＝691,712円

③ 加給年金

本ケースでは支給停止と考えてください。

④ 老齢基礎年金（65歳支給）

$$786,500 \times \frac{422月}{480月} = 691,465 円 \rightarrow 691,500 円$$

⑤ 差額加算

691,712円－691,465円＝247円

ここでの差額加算は、定額部分から厚生年金加入期間中（422か月）に該当する老齢基礎年金を差し引くことで算出します。

(3) **夫婦の年金額のまとめ**

以上の内容をまとめると、〔図表69〕のとおりになります。

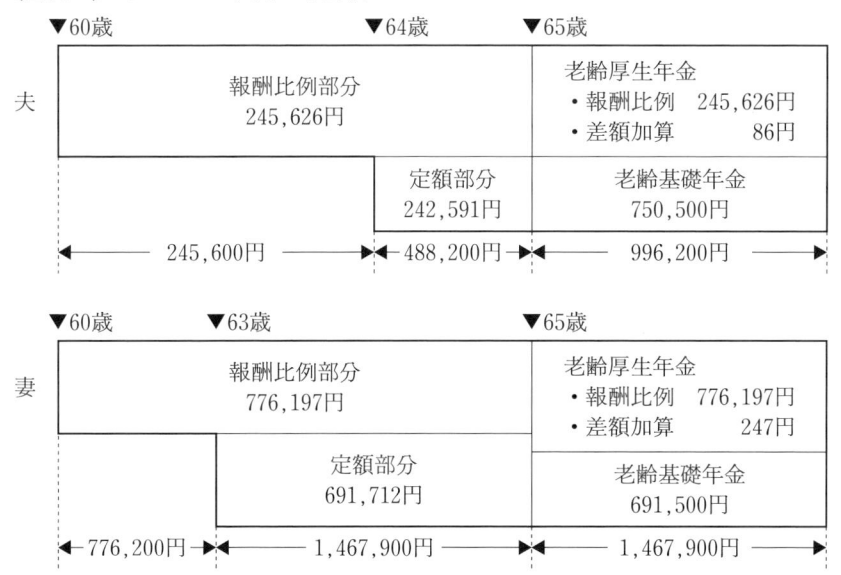

【ケース3】 結婚後、夫が自営業、妻が勤務を続けた佐藤さんの場合

〔図表69〕 ケース3の夫婦の年金額

夫

▼60歳	▼64歳	▼65歳
報酬比例部分 245,626円		老齢厚生年金 ・報酬比例 245,626円 ・差額加算 86円
	定額部分 242,591円	老齢基礎年金 750,500円
←── 245,600円 ──→	←488,200円→	←── 996,200円 ──→

妻

▼60歳	▼63歳	▼65歳
報酬比例部分 776,197円		老齢厚生年金 ・報酬比例 776,197円 ・差額加算 247円
	定額部分 691,712円	老齢基礎年金 691,500円
←776,200円→	←── 1,467,900円 ──→	←── 1,467,900円 ──→

3　対象期間標準報酬総額の妻から夫への分割

　合意分割は、婚姻期間中の対象期間標準報酬総額の多いほうから少ないほうへの分割になります。このケースでは、妻のほうが対象期間標準報酬総額が多いため妻から夫へ対象期間標準報酬総額の一部が分割されるかたちになります。

　したがって、第1号改定者が妻、第2号改定者が夫になります。

　対象期間標準報酬総額は、平成15年3月までの被保険者期間分は、1.3倍して計算します。

〔図表70〕 ケース3の対象期間標準報酬総額のイメージ

```
         ◀─────── 対象（婚姻）期間34年2カ月（410月）───────▶
      ▼S48.4月結婚              ▼H15.4月      H19.6月離婚▼
      ┌─────────────────────────┬──────────────────────┐
      │   対象期間標準報酬総額      │   対象期間標準報酬総額   │
  妻   │   10,400万円（360月）    │   2,600万円（50月）   │
      ├─────────────────────────┴──────────────────────┤
      │            対象期間標準報酬総額の一部              │
      └────────────────────────────────────────────────┘
                           ⇩
      ┌────────────────────────────────────────────────┐
  夫   │            対象期間標準報酬総額の一部              │
      ├────────────────────────────────────────────────┤
      │          対象期間標準報酬総額                      │
      │          2,600万円（100月）                       │
      └────────────────────────────────────────────────┘
```

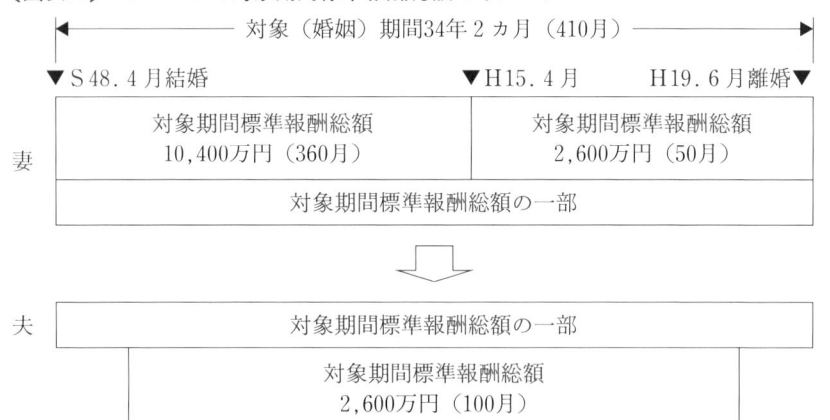

　それでは、次に具体的に対象期間標準報酬総額を分割します。ここでは、按分割合を50％と設定します。まず、改定割合を算出します。算出式の詳細は「第4章Ⅲ　年金分割の計算方法と金額」をご参照ください。

$$改定割合 = \frac{0.5 - 2,600万 \div 13,000万 \times (1 - 0.5)}{0.5 - 0.5 \times 1 + 1}$$

$$= 0.4$$

以上から、〔図表71〕のように対象期間標準報酬総額が分割されます。

【ケース3】 結婚後、夫が自営業、妻が勤務を続けた佐藤さんの場合

〔図表71〕 ケース3における妻から夫への対象期間標準報酬総額の分割（改定割合0.4で分割）

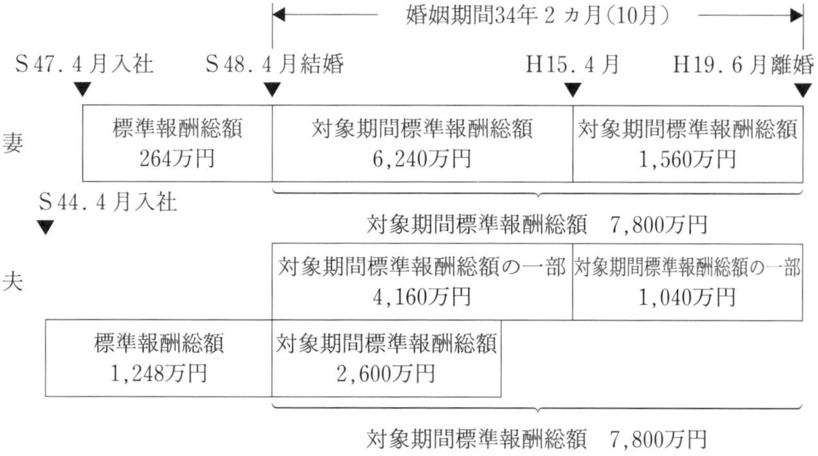

```
                    ←――――― 婚姻期間34年2ヵ月（10月） ―――――→
   S47.4月入社    S48.4月結婚              H15.4月   H19.6月離婚
       ▼            ▼                       ▼         ▼
妻  ┌─────────┬─────────────────┬─────────────┐
    │標準報酬総額│  対象期間標準報酬総額  │対象期間標準報酬総額│
    │  264万円  │      6,240万円       │   1,560万円   │
    └─────────┴─────────────────┴─────────────┘
  S44.4月入社              対象期間標準報酬総額  7,800万円
       ▼
夫                     ┌─────────────────┬─────────────┐
                       │対象期間標準報酬総額の一部│対象期間標準報酬総額の一部│
                       │      4,160万円       │   1,040万円   │
    ┌─────────┬─────────────────┴─────────────┤
    │標準報酬総額│  対象期間標準報酬総額                    │
    │ 1,248万円 │      2,600万円                         │
    └─────────┴─────────────────────────────┘
                             対象期間標準報酬総額  7,800万円
```

4　合意分割後の年金額の算出

合意分割後の夫婦の年金額を算出します。

(1)　夫（合意分割後）

(A)　支給開始時期

報酬比例部分60歳支給、定額部分64歳支給

(B)　支給額

以下の条件で計算します。

- 標準報酬総額

  結婚前（昭和44年4月から48年3月まで）……………………1,248万円

- 対象期間標準報酬総額

  結婚後から離婚月の前月まで（昭和48年4月から平成19年5月まで）

  …………………………………………………………………………7,800万円

- 従前額保障

① 報酬比例部分（60歳支給）

　結婚前

$$\underset{(標準報酬総額)}{12,480,000} \times \frac{7.5}{1000} \times 1.031 \times 0.978 = 94,379円$$

結婚後から離婚まで

$$\underset{\substack{(対象期間\\標準報酬総額)}}{78,000,000} \times \frac{5.769}{1000} \times 1.031 \times 0.978 = 453,725円$$

合計：94,379＋453,725＝548,104円

以下の金額は分割前と同じです。

② 定額部分（64歳支給）：242,591円

③ 加給年金：本ケースでは支給停止と考えてください。

④ 老齢基礎年金（65歳支給）：750,500円

⑤ 差額加算：86円

(2) 妻（合意分割後）

(A) 支給開始時期

報酬比例部分60歳支給、定額部分63歳支給

(B) 支給額

以下の条件で計算します。

- 標準報酬総額

  結婚前（昭和47年4月から48年3月まで）……………………………264万円

- 対象期間標準報酬総額

  結婚後から離婚月の前月まで（昭和48年4月から平成19年5月まで）

  ………………………………………………………………………7,800万円

- 従前額保障

① 報酬比例部分（60歳支給）

結婚前

$$\underset{(標準報酬総額)}{2,640,000} \times \frac{7.5}{1000} \times 1.031 \times 0.978 = 19,965円$$

結婚後から離婚まで

【ケース3】 結婚後、夫が自営業、妻が勤務を続けた佐藤さんの場合

$$\underset{\substack{対象期間\\標準報酬総額}}{78{,}000{,}000} \times \frac{5.769}{1000} \times 1.031 \times 0.978 = 453{,}725円$$

合計：19,965＋453,725＝473,690円

以下の金額は分割前と同じです。

② 定額部分（63歳支給）：691,712円

③ 加給年金：本ケースでは支給停止と考えてください。

④ 老齢基礎年金（65歳支給）：691,500円

⑤ 差額加算：247円

(3) 夫婦の年金額のまとめ

以上の内容をまとめると、〔図表72〕のとおりになります。

〔図表72〕 ケース3の合意分割後のイメージ

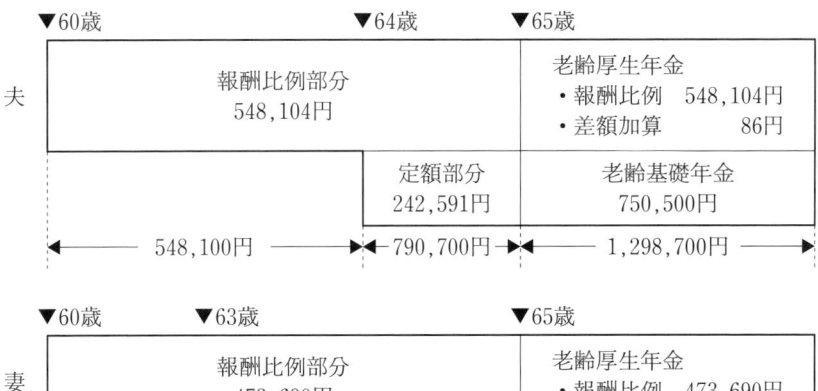

夫

▼60歳	▼64歳	▼65歳
報酬比例部分 548,104円		老齢厚生年金 ・報酬比例　548,104円 ・差額加算　　　86円
	定額部分 242,591円	老齢基礎年金 750,500円
←　548,100円　→	←790,700円→	←　1,298,700円　→

妻

▼60歳	▼63歳	▼65歳
報酬比例部分 473,690円		老齢厚生年金 ・報酬比例　473,690円 ・差額加算　　247円
	定額部分 691,712円	老齢基礎年金 691,500円
←473,700円→	←　1,165,400円　→	←　1,165,400円　→

5　合意分割前と合意分割後の年金額の比較

〔図表73〕は、合意分割しない場合と合意分割した場合を比較したものです。

〔図表73〕　ケース3で合意分割をした場合としない場合の比較

(単位：円)

<table>
<tr><th colspan="3" rowspan="2"></th><th colspan="3">合意分割しない場合</th><th colspan="3">合意分割した場合</th></tr>
<tr><th>60歳時</th><th>64歳時</th><th>65歳時</th><th>60歳時</th><th>64歳時</th><th>65歳時</th></tr>
<tr><td rowspan="5">夫</td><td rowspan="4">老齢厚生年金</td><td>報酬比例</td><td>245,626</td><td>245,626</td><td>245,626</td><td>548,104</td><td>548,104</td><td>548,104</td></tr>
<tr><td>定額</td><td>0</td><td>242,591</td><td>0</td><td>0</td><td>242,591</td><td>0</td></tr>
<tr><td>差額加算</td><td>0</td><td>0</td><td>86</td><td>0</td><td>0</td><td>86</td></tr>
<tr><td>合計</td><td>245,600</td><td>488,200</td><td>245,700</td><td>548,100</td><td>790,700</td><td>548,200</td></tr>
<tr><td colspan="2">老齢基礎年金</td><td>0</td><td>0</td><td>750,500</td><td>0</td><td>0</td><td>750,500</td></tr>
<tr><td colspan="2">合計</td><td>245,600</td><td>488,200</td><td>996,200</td><td>548,100</td><td>790,700</td><td>1,298,700</td></tr>
<tr><td colspan="3">合意分割前との比較</td><td></td><td></td><td></td><td>302,500</td><td>302,500</td><td>302,500</td></tr>
<tr><th colspan="3" rowspan="2"></th><th colspan="3">合意分割しない場合</th><th colspan="3">合意分割した場合</th></tr>
<tr><th>60歳時</th><th>63歳時</th><th>65歳時</th><th>60歳時</th><th>63歳時</th><th>65歳時</th></tr>
<tr><td rowspan="5">妻</td><td rowspan="4">老齢厚生年金</td><td>報酬比例</td><td>776,197</td><td>776,197</td><td>776,197</td><td>473,690</td><td>473,690</td><td>473,690</td></tr>
<tr><td>定額</td><td>0</td><td>691,712</td><td>0</td><td>0</td><td>691,712</td><td>0</td></tr>
<tr><td>差額加算</td><td>0</td><td>0</td><td>247</td><td>0</td><td>0</td><td>247</td></tr>
<tr><td>合計</td><td>776,200</td><td>1,467,900</td><td>776,400</td><td>473,700</td><td>1,165,400</td><td>473,900</td></tr>
<tr><td colspan="2">老齢基礎年金</td><td>0</td><td>0</td><td>691,500</td><td>0</td><td>0</td><td>691,500</td></tr>
<tr><td colspan="2">合計</td><td>776,200</td><td>1,467,900</td><td>1,467,900</td><td>473,700</td><td>1,165,400</td><td>1,165,400</td></tr>
<tr><td colspan="3">合意分割前との比較</td><td></td><td></td><td></td><td>-302,500</td><td>-302,500</td><td>-302,500</td></tr>
</table>

6　このケースでの留意点（夫婦が気をつけること）

夫が自営業の期間は、婚姻期間であっても分割の対象とはならないので、注意が必要です。

(ケース3担当・深津伸子)

【ケース４】　共働き(厚生年金加入)してきた田中さんの場合

　結婚前から厚生年金に加入し、結婚後も共働きしている田中さんの場合をみてみましょう。

1　年金加入記録の確認

　夫：昭和30年10月10日生まれ。昭和53年４月１日にオオノ工業㈱に入社。

　　　入社してから現在まで厚生年金の被保険者です。

　　　標準報酬総額

- 入社から結婚まで　…………………………4,560万円（120月）
- 結婚から平成15年３月まで　………………7,200万円（180月）
- 平成15年４月から平成22年９月まで　………4,500万円（ 90月）

　　　対象期間標準報酬総額（平成15年３月までは標準報酬総額を1.3倍して計算）

- 結婚から平成15年３月まで　………………9,360万円（180月）
- 平成15年４月から平成22年９月まで　………4,500万円（ 90月）

　妻：昭和32年10月30日生まれ。昭和53年４月１日にアサヒ販売㈱に入社。

　　　入社してから現在まで厚生年金の被保険者です。

　　　標準報酬総額

- 入社から結婚まで　…………………………3,360万円（120月）
- 結婚から平成15年３月まで　………………5,400万円（180月）
- 平成15年４月から平成22年９月まで　………2,700万円（ 90月）

　　　対象期間標準報酬総額（平成15年３月までは標準報酬総額を1.3倍して計算）

- 結婚から平成15年３月まで　………………7,020万円（180月）
- 平成15年４月から平成22年９月まで　………2,700万円（ 90月）

結婚：昭和63年４月19日

離婚：平成22年10月１日

第6章 離婚時年金分割のシミュレーション

〔図表74〕 ケース4の年金加入状況

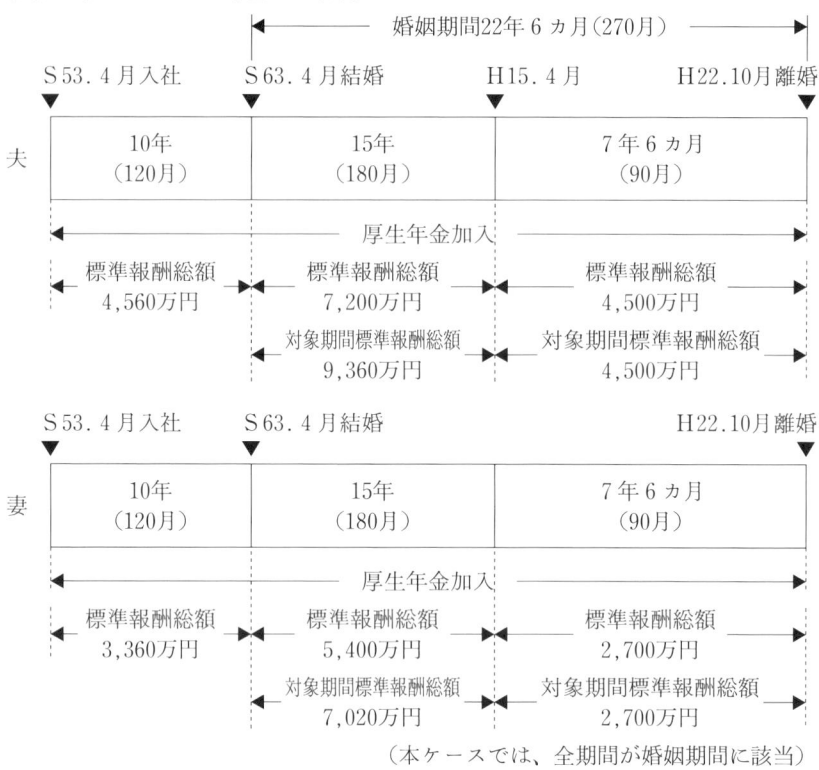

夫

| S53.4月入社 | S63.4月結婚 | H15.4月 | H22.10月離婚 |

婚姻期間22年6ヵ月（270月）

夫：10年（120月） ／ 15年（180月） ／ 7年6ヵ月（90月）
厚生年金加入
標準報酬総額 4,560万円 ／ 標準報酬総額 7,200万円 ／ 標準報酬総額 4,500万円
対象期間標準報酬総額 9,360万円 ／ 対象期間標準報酬総額 4,500万円

妻

| S53.4月入社 | S63.4月結婚 | H22.10月離婚 |

妻：10年（120月） ／ 15年（180月） ／ 7年6ヵ月（90月）
厚生年金加入
標準報酬総額 3,360万円 ／ 標準報酬総額 5,400万円 ／ 標準報酬総額 2,700万円
対象期間標準報酬総額 7,020万円 ／ 対象期間標準報酬総額 2,700万円

（本ケースでは、全期間が婚姻期間に該当）

2 合意分割しない場合の支給開始時期・年金額の算出

　まず、夫婦が合意分割をしない場合において、年金の支給開始時期と受給額を確認します。

　(1) 夫（合意分割しない場合）

　　(A) 支給開始時期

　報酬比例部分62歳支給。

　特別支給の老齢厚生年金の支給は、段階的に引き上げられていますので、昭和24年4月2日以降に生まれた方（男性）は、定額部分の支給はされないことになっています。

　　(B) 支給額

以下の条件で計算します。
- 標準報酬総額（昭和53年4月から平成15年3月まで：300月）：11,760万円
- 標準報酬総額（平成15年4月から平成22年9月まで：90月）：4,500万円
- 従前額保障
- 離婚までの期間を加入期間とします。

① 報酬比例部分（62歳支給）

平成15年3月までの期間

$$\underset{\text{（標準報酬総額）}}{117,600,000} \times \frac{7.5}{1000} \times 1.031 \times 0.978 = 889,336 \text{円}$$

平成15年4月以降の期間

$$\underset{\text{（標準報酬総額）}}{45,000,000} \times \frac{5.769}{1000} \times 1.031 \times 0.978 = 261,764 \text{円}$$

合計：889,336＋261,764＝1,151,100円

② 定額部分

定額部分の支給はありません。

③ 加給年金

本ケースでは支給停止と考えてください。

④ 老齢基礎年金（65歳支給）

$$786,500 \times \frac{390月}{480月} = 639,031 \rightarrow 639,000 \text{円}$$

⑤ 差額加算

昭和24年4月2日以降に生まれた方（男性）には定額部分の支給はされませんが、65歳以後の老齢厚生年金には、差額加算が行われます。

1,676円×1.000×390月×0.978＝639,260円

$$639,260 - 786,500 \times \frac{390月}{480月} = 229 \text{円}$$

ここでの差額加算は、厚生年金加入期間中（390月）に該当する老齢基礎年金を差し引くことで算出します。

(2) 妻（合意分割しない場合）

(A) 支給開始時期

報酬比例部分60歳支給。

特別支給の老齢厚生年金の支給は、段階的に引き上げられていますので、昭和29年4月以降に生まれた方（女性）は、定額部分の支給はされないことになっています。

(B) 支給額

以下の条件で計算します。

- 標準報酬総額（昭和53年4月から平成15年3月まで：300月）：8,760万円
- 標準報酬総額（平成15年4月から平成22年9月まで：90月）：2,700万円
- 従前額保障
- 離婚までの期間を加入期間とします。

① 報酬比例部分（60歳支給）

平成15年3月までの期間

$$\underset{(標準報酬総額)}{87,600,000} \times \frac{7.5}{1000} \times 1.031 \times 0.978 = 662,465円$$

平成15年4月以降の期間

$$\underset{(標準報酬総額)}{27,000,000} \times \frac{5.769}{1000} \times 1.031 \times 0.978 = 157,059円$$

合計：662,465＋157,059＝819,524円

② 定額部分

定額部分の支給はありません。

③ 加給年金

本ケースでは支給停止と考えてください。

④ 老齢基礎年金（65歳支給）

$$786,500 \times \frac{390月}{480月} = 639,031 \rightarrow 639,000円$$

⑤ 差額加算

【ケース4】 共働き（厚生年金加入）してきた田中さんの場合

昭和29年4月2日以降に生まれた方（女性）には、定額部分の支給はされませんが、65歳以後の老齢厚生年金には、差額加算が行われます。

$1,676円 \times 1.000 \times 390月 \times 0.978 = 639,260円$

$639,260 - 786,500 \times \dfrac{390月}{480月} = 229円$

ここでの差額加算は、厚生年金加入期間中（390月）に該当する老齢基礎年金を差し引くことで算出します。

(3) **夫婦の年金額のまとめ**

以上の内容をまとめると、〔図表75〕のとおりになります。

〔図表75〕 ケース4の夫婦の年金額

夫

▼62歳　　　　　　　　　　　　　▼65歳

報酬比例部分 1,151,100円	老齢厚生年金 ・報酬比例　1,151,100円 ・差額加算　　　229円
	老齢基礎年金 639,000円

◀──── 1,151,100円 ────▶◀──── 1,790,300円 ────▶

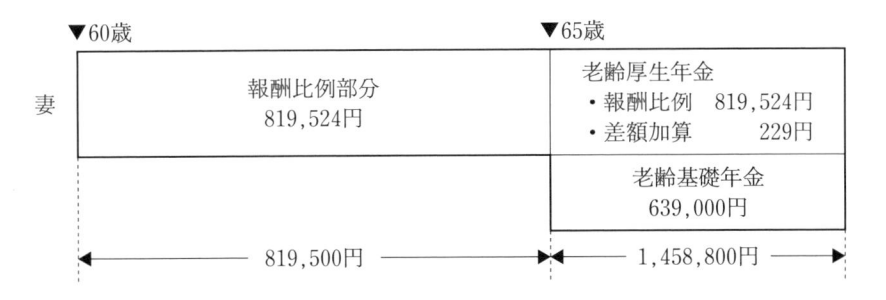

妻

▼60歳　　　　　　　　　　　　　▼65歳

報酬比例部分 819,524円	老齢厚生年金 ・報酬比例　819,524円 ・差額加算　　　229円
	老齢基礎年金 639,000円

◀──── 819,500円 ────▶◀──── 1,458,800円 ────▶

3 対象期間標準報酬総額の夫から妻への分割

合意分割は、婚姻期間中の対象期間標準報酬総額の多いほうから少ないほうへ分割されます。このケースでは、婚姻期間中において夫も妻も厚生年金に加入していますので、対象期間標準報酬総額の多い夫の対象期間標準報酬総額の一部が分割されることになります。

したがって、第1号改定者が夫、第2号改定者が妻になります。

対象期間標準報酬総額は、平成15年3月までの被保険者期間は1.3倍して計算します。

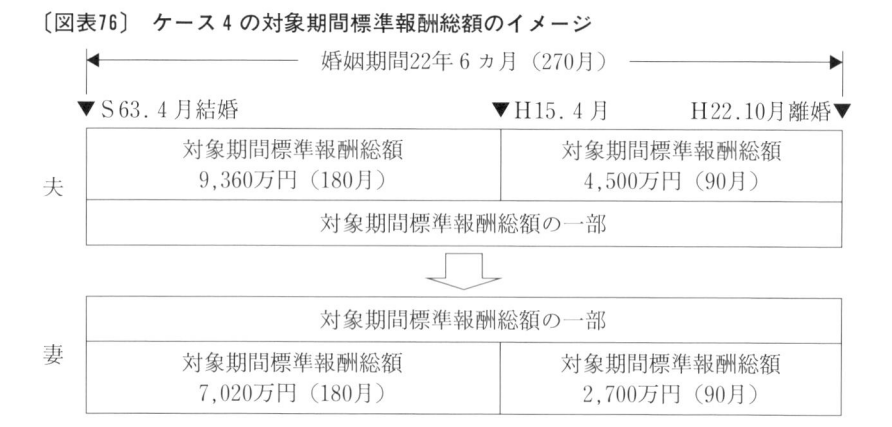

〔図表76〕 ケース4の対象期間標準報酬総額のイメージ

```
       ←――――――― 婚姻期間22年6ヵ月（270月） ―――――――→
       ▼S63.4月結婚              ▼H15.4月      H22.10月離婚▼
       ┌──────────────────┬──────────────┐
       │  対象期間標準報酬総額   │ 対象期間標準報酬総額 │
  夫   │  9,360万円（180月）    │ 4,500万円（90月）  │
       ├──────────────────┴──────────────┤
       │           対象期間標準報酬総額の一部            │
       └────────────────────────────────┘
                              ⇩
       ┌────────────────────────────────┐
       │           対象期間標準報酬総額の一部            │
       ├──────────────────┬──────────────┤
  妻   │  対象期間標準報酬総額   │ 対象期間標準報酬総額 │
       │  7,020万円（180月）    │ 2,700万円（90月）  │
       └──────────────────┴──────────────┘
```

次に具体的に対象期間標準報酬総額を分割します。ここでは、按分割合を50％と設定して、改定割合を算出します。算出式の詳細は、「第4章Ⅲ　年金分割の計算方法と金額」をご参照ください。

$$改定割合 = \frac{0.5 - 9{,}720万円 \div 13{,}860万円 \times (1 - 0.5)}{0.5 - 0.5 \times 1 + 1}$$

$$= 0.1493506 \text{（改定割合は小数点第7位未満の端数は、四捨五入）}$$

以上から、〔図表77〕のように対象期間標準報酬総額が分割されます。

【ケース4】 共働き（厚生年金加入）してきた田中さんの場合

〔図表77〕 ケース4の対象期間標準報酬総額の分割（改定割合0.1493506で分割）

	S53.4月入社　S63.4月結婚		H15.4月	H22.10月離婚
夫	標準報酬総額 4560万円	対象期間標準報酬総額 79,620,784円	対象期間標準報酬総額 38,279,223円	

婚姻期間22年6ヵ月（270月）

対象期間標準報酬総額　11,790万円

	S53.4月入社			
妻		対象期間標準報酬総額の一部 13,979,216円	対象期間標準報酬総額の一部 6,720,777円	
	標準報酬総額 3,360万円	対象期間標準報酬総額 7,020万円	対象期間標準報酬総額 2,700万円	

対象期間標準報酬総額　11,790万円

4　合意分割後の年金額の算出

合意分割後の夫婦の年金額を算出します。

(1) 夫（合意分割後）

(A) 支給開始時期

報酬比例部分62歳支給

特別支給の老齢厚生年金の支給は段階的に引き上げられていますので昭和24年4月2日以降に生まれた方（男性）は、定額部分の支給はされないことになっています。

(B) 支給額

以下の条件で計算します。

- 標準報酬総額

　結婚前（昭和53年4月から昭和63年3月まで）　………………4,560万円

- 対象期間標準報酬総額

　結婚後から離婚月の前月まで（昭和63年4月から平成22年9月まで）

　………………………………………………………………………11,790万円

- 従前額保障

① 報酬比例部分（62歳支給）

結婚前の期間

$$\underset{(標準報酬総額)}{45,600,000} \times \frac{7.5}{1,000} \times 1.031 \times 0.978 = 344,845円$$

結婚してから離婚までの期間

$$\underset{\begin{subarray}{c}(対象期間\\標準報酬総額)\end{subarray}}{117,900,000} \times \frac{5.769}{1,000} \times 1.031 \times 0.978 = 685,823円$$

合計：344,845＋685,823＝1,030,668円

以下の金額は分割前と同じです。

② 定額部分：定額部分の支給はありません。

③ 加給年金：本ケースでは支給停止と考えてください。

④ 老齢基礎年金（65歳支給）：639,000円

⑤ 差額加算：229円

(2) 妻（合意分割後）

(A) 支給開始時期

報酬比例部分60歳支給

特別支給の老齢厚生年金の支給は段階的に引き上げられていますので、昭和29年4月2日以降に生まれた方（女性）は、定額部分の支給はされないことになっています。

(B) 支給額

以下の条件で計算します。

・標準報酬総額

　結婚前（昭和53年4月から昭和63年3月まで）……………3,360万円

・対象期間標準報酬総額

　結婚後から離婚月の前月まで（昭和63年4月から平成22年9月まで）

　……………………………………………………………11,790万円

・従前額保障

① 報酬比例部分（60歳支給）

結婚前の期間

$$\underset{\substack{(標準報酬総額)}}{33,600,000} \times \frac{7.5}{1,000} \times 1.031 \times 0.978 = 254,096円$$

結婚してから離婚までの期間

$$\underset{\substack{\left(\substack{対象期間\\標準報酬総額}\right)}}{117,900,000} \times \frac{5.769}{1,000} \times 1.031 \times 0.978 = 685,823円$$

合計：254,096＋685,823＝939,919円

以下の金額は分割前と同じです。

② 定額部分：定額部分の支給はありません
③ 加給年金：本ケースでは支給停止と考えてください。
④ 老齢基礎年金（65歳支給）：639,000円
⑤ 差額加算：229円

(3) 夫婦の年金額のまとめ

以上の内容をまとめると、〔図表78〕のとおりになります。

〔図表78〕 ケース4の合意分割後のイメージ

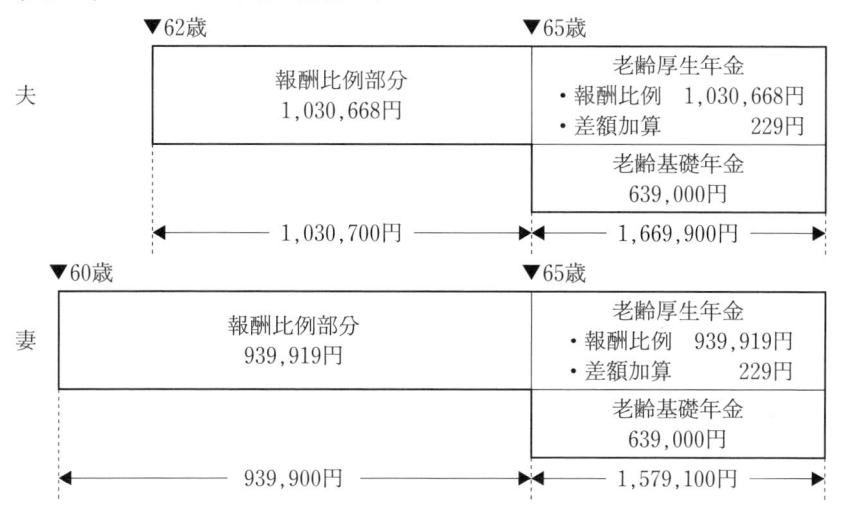

	▼62歳		▼65歳	
夫	報酬比例部分 1,030,668円		老齢厚生年金 ・報酬比例　1,030,668円 ・差額加算　　　229円	
			老齢基礎年金 639,000円	
	←――― 1,030,700円 ―――→		←――― 1,669,900円 ―――→	

	▼60歳		▼65歳	
妻	報酬比例部分 939,919円		老齢厚生年金 ・報酬比例　939,919円 ・差額加算　　229円	
			老齢基礎年金 639,000円	
	←――― 939,900円 ―――→		←――― 1,579,100円 ―――→	

5　合意分割前と合意分割後の年金額の比較

〔図表79〕は、合意分割しない場合と合意分割した場合を比較したものです。

〔図表79〕　ケース4で合意分割をした場合としない場合の比較

（単位：円）

<table>
<tr><td colspan="3" rowspan="2"></td><td colspan="3">合意分割しない場合</td><td colspan="3">合意分割した場合</td></tr>
<tr><td>60歳時</td><td>62歳時</td><td>65歳時</td><td>60歳時</td><td>62歳時</td><td>65歳時</td></tr>
<tr><td rowspan="6">夫</td><td rowspan="4">老齢厚生年金</td><td>報酬比例</td><td>0</td><td>1,151,100</td><td>1,151,100</td><td>0</td><td>1,030,668</td><td>1,030,668</td></tr>
<tr><td>定額</td><td>0</td><td>0</td><td>0</td><td>0</td><td>0</td><td>0</td></tr>
<tr><td>差額</td><td>0</td><td>0</td><td>229</td><td>0</td><td>0</td><td>229</td></tr>
<tr><td>合計</td><td>0</td><td>1,151,100</td><td>1,151,300</td><td>0</td><td>1,030,700</td><td>1,030,900</td></tr>
<tr><td colspan="2">老齢基礎年金</td><td>0</td><td>0</td><td>639,000</td><td>0</td><td>0</td><td>639,000</td></tr>
<tr><td colspan="2">合計</td><td>0</td><td>1,151,100</td><td>1,790,300</td><td>0</td><td>1,030,700</td><td>1,669,900</td></tr>
<tr><td colspan="3">合意分割前との比較</td><td></td><td></td><td></td><td>0</td><td>-120,400</td><td>-120,400</td></tr>
</table>

<table>
<tr><td colspan="3" rowspan="2"></td><td colspan="3">合意分割しない場合</td><td colspan="3">合意分割した場合</td></tr>
<tr><td>60歳時</td><td>62歳時</td><td>65歳時</td><td>60歳時</td><td>62歳時</td><td>65歳時</td></tr>
<tr><td rowspan="6">妻</td><td rowspan="4">老齢厚生年金</td><td>報酬比例</td><td>819,524</td><td>819,524</td><td>819,524</td><td>939,919</td><td>939,919</td><td>939,919</td></tr>
<tr><td>定額</td><td>0</td><td>0</td><td>0</td><td>0</td><td>0</td><td>0</td></tr>
<tr><td>差額</td><td>0</td><td>0</td><td>229</td><td>0</td><td>0</td><td>229</td></tr>
<tr><td>合計</td><td>819,500</td><td>819,500</td><td>819,800</td><td>939,900</td><td>939,900</td><td>940,100</td></tr>
<tr><td colspan="2">老齢基礎年金</td><td>0</td><td>0</td><td>639,000</td><td>0</td><td>0</td><td>639,000</td></tr>
<tr><td colspan="2">合計</td><td>819,500</td><td>819,500</td><td>1,458,800</td><td>939,900</td><td>939,900</td><td>1,579,100</td></tr>
<tr><td colspan="3">合意分割前との比較</td><td></td><td></td><td></td><td>120,400</td><td>120,400</td><td>120,300</td></tr>
</table>

6　このケースでの留意点（夫婦が気をつけること）

今回は、按分割合を50％にしましたが、50％以下の範囲であれば、任意に設定できるので、夫婦でよく話し合って決定されると良いと思います（田中（妻）さんの按分割合は、約41％＜50％の範囲）。

今回のケースは、妻が結婚後も会社に勤めている夫婦でしたが、もし妻自身に専業主婦の期間（第3号被保険者期間）が平成20年4月以降にある場合は、「3号分割」の対象になります。これは、平成20年4月以降の第3号被保険者期間において離婚をした場合、夫の厚生年金納付記録が、自動的に2分の1に分割される制度です。

（ケース4担当・吉田直子）

資料編

〈資料1〉 家事審判申立書

この申立書の写しは，法律の定めにより，申立ての内容を知らせるため，相手方に送付されます。
この申立書とともに相手方送付用のコピーを提出してください。

受付印	家　事　申立書　事件名（請求すべき按分割合） □調　停 ☑審　判
収入印紙　　　　円 予納郵便切手　　円	（この欄に申立て1件あたり収入印紙1,200円分を貼ってください。） （貼った印紙に押印しないでください。）

○○　家庭裁判所　御中 平成○○年○○月○○日	申　立　人 （又は法定代理人など） の　記　名　押　印	天野 美月　印

添付書類	（審理のために必要な場合は，追加書類の提出をお願いすることがあります。） □ 年金分割のための情報通知書　　通（各年金制度ごとに必要）	準口頭

申立人	住　所	〒○○○－○○○○ ○○県○○市○○町○丁目○番○号　ハイツ○○　△△号室 （　　　　　　　方）
	フリガナ 氏　名	アマノ　ミヅキ 天野　美月	大正 （昭和）○○年○○月○○日生 平成 （　　○○　　歳）

相手方	住　所	〒○○○－○○○○ ○○県○○市○○町○丁目○番○号　○○アパート　△△号室 （　　　　　　　方）
	フリガナ 氏　名	ヤマ　カワ　イワオ 山川　巌	大正 （昭和）○○年○○月○○日生 平成 （　　○○　　歳）

申　立　て　の　趣　旨

申立人と相手方との間の別紙（☆）　　1　　記載の情報に係る年金分割についての請求すべき按分割合を，（☑ 0.5　　／　　□（　　　　　）　）と定めるとの（□調停　／　☑審判　）を求めます。

申　立　て　の　理　由

1　申立人と相手方は，共同して婚姻生活を営み夫婦として生活していたが，
　（☑ 離婚　／　□ 事実婚関係を解消）した。
2　申立人と相手方との間の（☑ 離婚成立日　／□ 事実婚関係が解消したと認められる日），離婚時年金分割制度に係る第一号改定者及び第二号改定者の別，対象期間及び按分割合の範囲は，別紙　　1　　のとおりである。

（注）　太枠の中だけ記入してください。□の部分は，該当するものにチェックしてください。
☆　年金分割のための情報通知書の写しをとり，別紙として添付してください（その写しも相手方に送付されます。）。

年金分割(1/1)

資料編

(注) 審判の場合,下記の審判確定証明申請書(太枠の中だけ)に記載をし,収入印紙150円分を貼ってください。

　　　　　　　　　審 判 確 定 証 明 申 請 書

（この欄に収入印紙150円分を貼ってください。）

（貼った印紙に押印しないでください。）

本件に係る請求すべき按分割合を定める審判が確定したことを証明してください。

　　　　平成 ○○ 年 ○○ 月 ○○ 日

　　　　　　　　　　　　　申請人　　天 野 美 月　　㊞

上記確定証明書を受領した。 　平成　　年　　月　　日 　　申請人　　　　　　　　㊞	上記確定証明書を郵送した。 　平成　　年　　月　　日 　　裁判所書記官　　　　　㊞

資料編

##〈資料2〉 夫婦関係等調整調停申立書

この申立書の写しは，法律の定めるところにより，申立ての内容を知らせるため，相手方に送付されます。
この申立書とともに相手方送付用のコピーを提出してください。

受付印	夫婦関係等調整調停申立書　事件名（　　　　　）
収入印紙　　　円 予納郵便切手　　円	（この欄に申立て1件あたり収入印紙1,200円分を貼ってください。） （貼った印紙に押印しないでください。）

○○家庭裁判所　御中 平成○○年○○月○○日	申　立　人 （又は法定代理人など） の記名押印	天　野　美　子　㊞

添付書類	（審理のために必要な場合は，追加書類の提出をお願いすることがあります。） □ 戸籍謄本（全部事項証明書）（内縁関係に関する申立ての場合は不要） □ （年金分割の申立てが含まれている場合）年金分割のための情報通知書 □	準口頭

申立人	本　籍 （国籍）	（内縁関係に関する申立ての場合は，記入する必要はありません。） ○○　都道府県　○○市○○町○番地		
	住　所	〒○○○-○○○○ ○○県○○市○○町○丁目○番○号　ハイツ○○　△△号室 （　　　　　　　方）		
	フリガナ 氏　名	アマノ　ヨシコ 天　野　美　子	大正・昭和・平成	○○年○○月○○日生 （　○○　歳）

相手方	本　籍 （国籍）	（内縁関係に関する申立ての場合は，記入する必要はありません。） ○○　都道府県　○○市○○町○番地		
	住　所	〒○○○-○○○○ ○○県○○市○○町○丁目○番○号　○○荘　○号室 （　　　　　　　方）		
	フリガナ 氏　名	アマノ　タロウ 天　野　太　郎	大正・昭和・平成	○○年○○月○○日生 （　○○　歳）

未成年の子	住　所	☑ 申立人と同居　／　□ 相手方と同居 □ その他（　　　　　　　　　）	平成○○年○○月○○日生
	フリガナ 氏　名	アマノ　オオミ 天　野　大　海	（　○○　歳）
	住　所	☑ 申立人と同居　／　□ 相手方と同居 □ その他（　　　　　　　　　）	平成○○年○○月○○日生
	フリガナ 氏　名	アマノ　ヨシ 天　野　美　星	（　○○　歳）
	住　所	□ 申立人と同居　／　□ 相手方と同居 □ その他（　　　　　　　　　）	平成　　年　　月　　日生
	フリガナ 氏　名		（　　　　歳）

（注）　太枠の中だけ記入してください。未成年の子は，付随申立ての(1)，(2)又は(3)を選択したときのみ記入してください。
　　　□の部分は，該当するものにチェックしてください。

夫婦(1/2)

資料編

この申立書の写しは，法律の定めるところにより，申立ての内容を知らせるため，相手方に送付されます。
この申立書とともに相手方送付用のコピーを提出してください。

※ 申立ての趣旨は，当てはまる番号（1又は2，付随申立てについては(1)～(7)）を○で囲んでください。
　□の部分は，該当するものにチェックしてください。
☆ 付随申立ての□を選択したときは，年金分割のための情報通知書の写しをとり，別紙として添付してください（その写しも相手方に送付されます。）。

申　立　て　の　趣　旨	
円　満　調　整	関　係　解　消
※ 1　申立人と相手方間の婚姻関係を円満に調整する。 2　申立人と相手方間の内縁関係を円満に調整する。	※ ① 申立人と相手方は離婚する。 2　申立人と相手方は内縁関係を解消する。 （付随申立て） (1)　未成年の子の親権者を次のように定める。 　　　　　　　　　　　　　　　　については父。 　　長男大海，長女美星　　　　については母。 (2)　（□申立人／☑相手方）と未成年の子が面会交流する時期，方法などにつき定める。 (3)　（□申立人／☑相手方）は，未成年の子の養育費として， 　　1人当たり毎月（□金　　　　円／☑相当額）を支払う。 (4)　相手方は，申立人に財産分与として， 　　（金　　　　円／☑相当額）を支払う。 (5)　相手方は，申立人に慰謝料として， 　　（□金　　　　円／□相当額）を支払う。 (6)　申立人と相手方との間の別紙年金分割のための情報通知書（☆）記載の情報に係る年金分割についての請求すべき按分割合を， 　　（☑0.5／□（　　　　））と定める。 (7)

申　立　て　の　理　由
同　居・別　居　の　時　期

同居を始めた日……　昭和　○○年○○月○○日　　別居をした日……　昭和　○○年○○月○○日
　　　　　　　　　　㊥平成　-----　　　　　　　　　　　　　　　　　㊥平成　-----

申　立　て　の　動　機

※　当てはまる番号を○で囲み，そのうち最も重要と思うものに◎を付けてください。
　1　性格があわない　　　②　異性関係　　　3　暴力をふるう　　　4　酒を飲みすぎる
　5　性的不調和　　　　　6　浪費する　　　7　病　　　気
　8　精神的に虐待する　　9　家族をすててかえりみない　　10　家族と折合いが悪い
　11　同居に応じない　　　⑫　生活費を渡さない　　13　そ　の　他

夫婦(2/2)

資料編

〈資料3〉 訴　状

訴　状

訴訟物の価額		円
貼用印紙額		円
予納郵便切手		円
貼用印紙　裏面貼付のとおり		

事件名　離　婚　請求事件

○○家庭裁判所　御中 平成○○年○月○日	原告の記名押印	天　野　美　子　㊞

原告	本　籍	東京 ㊞道府県 ○○区○○町○○○番地
	住　所	〒○○○−○○○○　電話番号 ○○(○○○○)○○○○　ﾌｧｸｼﾐﾘ ○○(○○○○)○○○○ 東京都○○区○○町○丁目○番○○号 （　　　　　方）
	フリガナ 氏　名	アマノ　ヨシコ 天　野　美　子
	送達場所 等の届出	原告に対する書類の送達は次の場所に宛てて行ってください。 ☑　上記住所 □　勤務先（勤務先の名称　　　　　　　　　　　　　　　　　　　） 　　〒　　−　　　　電話番号　　（　　） 　　住　所 □　その他の場所（原告又は送達受取人との関係　　　　　　　　　） 　　〒　　−　　　　電話番号　　（　　） 　　住　所 □　原告に対する書類の送達は，上記の届出場所へ，次の人に宛てて行ってください。 　　氏　名　　　　　　　　　　（原告との関係　　　　　　　　　）

被告	本　籍	原告と同じ
	住　所	〒○○○−○○○○　電話番号 ○○○(○○○)○○○○　ﾌｧｸｼﾐﾘ ○○○(○○○)○○○○ ○○県○○市○○町○○○○番 （　　　　　方）
	フリガナ 氏　名	アマノ　タロウ 天　野　太　郎

添付書類	☑　戸籍謄本（甲第　　号証）　　　☑　年金分割のための情報通知書（甲第　　号証） ☑　甲第1号証～第5号証明　　　□　証拠説明書　　□　調停が終了したことの証明書 □　証拠申出書

夫婦関係の形成又は存否の確認を目的とする係属中の事件の表示	裁判所　　　　　　　／　平成　　年（　　）第　　　　号 事件名　　　　　　事件　／　原告　　　　　　　被告

（注）　太枠の中だけ記入してください。　□の部分は，該当するものにチェックしてください。

離婚（1ページ）

資料編

請 求 及 び 申 立 て の 趣 旨

原告と被告とを離婚する。
(親権者の指定)
　☑ 原告と被告間の　長男(続柄)　大海(名)　(☐昭和 ☑平成　○ 年 ○ 月 ○ 日生)，長女　美星

　　(☐昭和 ☑平成　○ 年 ○ 月 ○ 日生)，＿＿＿＿　(☐昭和 ☐平成　○ 年 ○ 月 ○ 日生)

　　　　　　　　　　　　　　　　　　　の親権者を ☑ 原告　☐ 被告と定める。

☐
(慰謝料)
　☑ 被告は，原告に対し，次の金員を支払え。
　　☐ 金　○○万　円
　　☑ 上記金員に対する離婚判決確定の日の翌日から支払済みまで年 5 分の割合による金員
(財産分与)
　☑ 被告は，原告に対し，次の金員を支払え。
　　☑ 金　○○○万　円
　　☑ 上記金員に対する離婚判決確定の日の翌日から支払済みまで年 5 分の割合による金員
☐
☐
(養育費)
　☑ 被告は，原告に対し，平成○○年○月　から　長男(続柄)　大海(名)，長女　美星　＿＿＿＿＿＿
　　が　成人に達する月　まで，毎月　○○　日限り，子一人につき金　○万　円ずつ支払え。
(年金分割)
　☑ 原告と被告との間の別紙　1　(年金分割のための情報通知書)記載の情報に係る年金分割
　　についての請求すべき按分割合を，☑ 0．5　☐ (　　　　)と定める。
☐
訴訟費用は被告の負担とする。
との判決(☑ 及び慰謝料につき仮執行宣言)を求める。

請 求 の 原 因 等

1(1) 原告と被告は，☐ 昭和　☑ 平成　○○ 年　○ 月　○○ 日に婚姻の届出をしました。
　(2) 原告と被告間の未成年の子は，☐ いません。　☑ 次のとおりです。
　　　続柄　　　名　　　　　年齢　　　生年月日
　　　長男　　大海　　　　9 歳　(☐昭和 ☑平成　○ 年 ○ 月 ○ 日生)
　　　長女　　美星　　　　7 歳　(☐昭和 ☑平成　○○年○月○○日生)
　　　＿＿＿　＿＿＿＿　　　歳　(☐昭和 ☐平成　　年　月　日生)

2 〔調停前置〕
　夫婦関係に関する調停を
　☑ しました。
　　事件番号　　○○　家庭裁判所＿＿＿＿＿＿　平成　○○ 年(家イ)第　○○○○ 号
　　結　果　平成　○○ 年　○ 月　○ 日　☑ 不成立　☐ 取下げ　☐ (　　　　　　　)
　　理　由　☐ 被告が離婚に応じない　☐ その他(　　　　　　　　　　　　　　　)
　　　　　　☑ 条件が合わない(　親権者等　　　　　　　　　　　　　　　　　　)
　☐ していません。
　　理　由　☐ 被告が所在不明
　　　　　　☐ その他(　　　　　　　　　　　　　　　　　　　　　　　　　　　)
3 〔離婚の原因〕
　次の事由があるので，原告は，被告に対して，離婚を求めます。
　　☑ 被告の不貞行為　　　☐ 被告の悪意の遺棄　　　☐ 被告の生死が3年以上不明
　　☐ 被告が強度の精神病で回復の見込みがない　☑ その他婚姻を継続し難い重大な事由
　その具体的な内容は次のとおりです。

(注)　太枠の中だけ記入してください。　☐ の部分は，該当するものにチェックしてください。

離婚(2ページ)

(1) 不貞行為について
　　被告は、平成○年春ごろから、取引先の女性山川水澄（以下「山川」といいます。）と親しくなって外泊するようになり、昨年1月から、アパートを借りて同棲生活をしています。…………
(2) 婚姻を継続し難い重大な事由について
　　原告は、子どものためにも、もう一度一緒に暮らしたいと思い、何度か話し合おうとしましたが、全く話し合おうとはしません。…………
　　このような事情ですから、これ以上婚姻を継続することはできないと思うようになりました。
4〔子の親権者について〕
　　原告は、平成○○年○月から○○○カンパニーで勤務しており、生活も安定しています。被告は、これまでも、仕事が忙しいといっては、子どもの世話などしたことはありません。今のような生活を続けていれば子どもの世話などできませんので……
　　したがって、長男及び長女の親権者は原告が適しています。
5〔慰謝料について〕
　　原告は、婚姻してから今日まで、家事・育児を精一杯しながら生活してきましたが、被告の不貞行為のために離婚せざるをえない状況になり、精神的苦痛を受けました。原告の精神的苦痛に対する慰謝料は、金○○万円が相当です。
　　したがって、金○○万円及びこれに対する離婚判決確定の日の翌日から支払済みまで民法所定の年5分の割合による遅延損害金を求めます。
6〔財産分与について〕
　　夫婦の財産は、○○銀行○○支店の預金○○○万円（甲2号証）……です。
　　したがって、財産分与として、金○○○万円及びこれに対する離婚判決確定の日の翌日から支払済みまで年5分の割合による遅延損害金を求めます。
7〔養育費について〕
　　原告の収入は、年収約○○○万円（甲5号証）です。被告の収入は少なくとも月約○○万円ですので養育費として、平成○○年○月から子が成年に達する月まで、子一人につき月○万円を求めます。
8〔年金分割について〕
　　原告と被告の離婚時年金分割にかかる第一号改定者及び第2号改定者の別、対象期間、按分割合の範囲は、別紙1のとおりです。
9〔まとめ〕
　　よって、請求及び申立ての趣旨記載の判決を求めます。

離婚（3ページ）

●事項索引●

【数字】
2号分割→合意分割
3号分割　*2, 11, 72, 75*

【あ】
按分割合　*8, 116*
按分割合の基準　*169*
按分割合の合意の解除・取消し　*171*
按分割合の取り決め　*75, 76, 86*
按分割合の範囲　*75, 76, 86*
按分割合の有効期間　*146*
按分割合を定めた確定した審判の謄本または抄本　*91*
按分割合を定めた確定した判決の謄本または抄本　*91*
按分割合を定めた調停についての調停調書の謄本または抄本　*91*
按分割合を定めた和解についての和解調書の謄本または抄本　*91*

【い】
遺族基礎年金　*54*
遺族厚生（共済）年金　*55, 81, 135*
遺族年金　*53*

【か】
改定割合　*119*
加給年金　*140*
学生納付特例制度　*49*
確定給付企業年金　*39*
確定拠出年金　*39*

家事審判　*29, 87*
家事調停　*27, 87*
合算対象期間（カラ期間）　*43*
加入期間の短縮特例　*141*
寡婦年金　*57*

【き】
協議離婚　*19*
共済年金　*38, 106*
強制執行　*28, 33*

【く】
繰上げ受給　*64*
繰下げ受給　*65*

【こ】
合意分割　*2, 7, 72, 74, 84*
合意分割と3号分割の関係　*13*
合意分割をした場合としない場合の年金額　*129*
公証人　*98*
公正証書　*97*
厚生年金　*36, 103*
厚生年金基金　*38, 105*
厚生年金の給付乗率と定額単価　*124*
国民年金　*36, 102*
国民年金基金　*38*
婚姻期間　*112*

【さ】
財産分与　*4, 22*
裁判離婚　*29*

再評価率　*113, 119*

【し】

事実婚　*89*
事実婚の期間　*90*
私署証書　*92, 96*
死亡一時金　*57*
社会保険審査会　*99*
社会保険審査官　*99*
若年者納付猶予制度　*49*
重婚的内縁関係　*89*
受給資格期間　*138*
障害基礎年金　*52*
障害厚生（共済）年金　*53*
障害年金　*52*
情報提供　*144, 146, 148*
消滅時効　*21*
職域部分　*106*
審査請求　*99*
審査請求前置主義　*100*
人事訴訟　*88*
審判→家事審判
審判離婚　*29*

【せ】

請求期間　*75, 77*
清算条項　*167*

【た】

第1号改定者　*74, 113*
第1号被保険者　*40*
第2号改定者　*74, 113*
第2号被保険者　*41*
第3号被保険者　*41*
代行部分　*105*

対象期間　*77*
対象期間標準報酬総額　*113, 122*
対象期間標準報酬総額の計算　*122*
対象となる期間　*75, 76*
対象となる当事者　*74, 76*
脱退一時金　*141*

【ち】

中高齢寡婦加算　*56*
長期加入特例　*140*
調停→家事調停
調停前置主義　*27, 164*
調停離婚　*28*

【と】

特定期間　*77, 174, 176*
特定被保険者　*76*
取消訴訟　*101*

【に】

認諾離婚　*34*

【ね】

年金分割後の再婚　*136*
年金分割後の死亡　*135*
年金分割請求と財産分与の関係
　　24
年金分割の請求先　*162*
年金分割のための情報通知書　*154,*
　　155, 163, 169
年金分割のための情報提供請求書
　　148, 150
年金分割を行った場合の年金見込額
　　のお知らせ　*158, 159*

233

事項索引

【ひ】

被扶養配偶者　*11, 76*
被保険者記録照会回答票　*154, 157*
標準報酬　*113*
標準報酬改定のしくみ　*113*
標準報酬月額　*113*
標準報酬月額の改定式　*115*
標準報酬賞与額　*113*
標準報酬総額　*8, 108, 109*
標準報酬分割改定　*116*

【ふ】

附帯処分　*30, 93, 165*
不服申立前置主義　*100*
分割改定請求　*177*
分割の対象　*74, 76*
分割割合（請求すべき按分割合）を
　定める家事調停（または審判）
　163

【へ】

変換率　*119*

【ほ】

報酬比例部分の年金額の計算　*123*
法律婚　*89*
保険料納付記録　*73, 113*
保険料納付済期間　*43*
保険料免除　*47*
保険料免除期間　*43*

【み】

未届けの妻　*89*
未納　*48*

【よ】

養育費の分担　*20*
養育費分担請求　*21*

【り】

履行勧告　*28, 34*
離婚　*16*
離婚慰謝料請求　*22*
離婚給付　*20*
離婚原因　*31*
離婚時年金分割（制度）　*2, 72*
離婚時みなし被保険者期間　*110,*
　137, 140, 143, 180
離婚分割→合意分割

【ろ】

老齢基礎年金　*64*
老齢厚生年金　*64*

【わ】

和解離婚　*32*

◇著者略歴（五十音順）

上原　裕之（うえはら　ひろゆき）
弁護士、法政大学法科大学院兼任教授

[略歴]　慶應義塾大学法学部卒業、昭和47年司法試験合格、東京家庭裁判所判事補、東京高等裁判所判事、東京家庭裁判所部総括判事、熊本家庭裁判所長、広島高等裁判所部総括判事などを経て、現在に至る。

[主な著書等]　『家事・人訴事件の理論と実務〔第2版〕』（共著、民事法研究会）、『家事事件重要判決50選』（共編、立花書房）、『遺産分割』（共編、青林書院）、『相続・遺言——遺産分割と弁護士実務』（共著、ぎょうせい）ほか

小川　克之（おがわ　かつゆき）
特定社会保険労務士　ファイナンシャルプランナー（CFP®認定者）

[略歴]　富山大学経済学部卒業、平成14年社会保険労務士試験合格、平成15年社会保険労務士登録。

[主な著書等]　『判例にみる労務トラブル解決のための方法・文例』（共著、中央経済社）、「退職に関する問題」（キャリアサポート）、「有給休暇に関するトラブル」（キャリアサポート）「わかる！　年金（文芸春秋）」ほか

小磯　治（こいそ　おさむ）
静岡家庭裁判所首席書記官

[略歴]　上智大学法学部卒業、昭和60年3月裁判所書記官研修所養成部修了、東京家庭裁判所家事部主任書記官、最高裁家庭局第一課課長補佐、甲府家庭裁判所首席書記官などを経て、現在に至る。

[主な著書等]　『夫婦関係調停条項作成マニュアル〔第5版〕』（民事法研究会）、『書式　家事事件の実務〔全訂九版〕』（共著、民事法研究会）ほか

坂本　直紀（さかもと　なおき）
特定社会保険労務士、中小企業診断士

[略歴]　明治学院大学法学部法律学科卒業、2003年に坂本社会保険労務士事務所を開業し、2008年に坂本・深津社会保険労務士法人を開設。2011年に坂本直紀社会保険労務士法人〈http://www.sakamoto-jinji.com/〉へ名称変更。

[主な著書等]　『詳解　職場のメンタルヘルス対策の実務〔第2版〕』（共著、民事

法研究会）、『判例にみる労務トラブル解決のための方法・文例』（共著、中央経済社）、『新版労働関係法改正にともなう就業規則変更の実務』（共著、清文社）、『ビジネスで使えるメール文例集』（共著、新日本法規）ほか

深津　伸子（ふかつ　のぶこ）
特定社会保険労務士
［略歴］　青山学院大学文学部フランス文学科卒業。2003年、ロア・ユナイテッド社労士事務所を開業。2008年、坂本・深津社会保険労務士法人開設。2011年にレイズ・コンサルティング社会保険労務士事務所〈http://www.sr-fukatsu.com〉を開業。
［主な著書等］　『労働時間対策と就業規則整備のポイント』（単著、新日本法規）、『詳解　職場のメンタルヘルス対策の実務〔第2版〕』（共著、民事法研究会）、『論点・争点現代労働法〔改訂増補版〕』（共著、民事法研究会）、『新版労働関係法改正にともなう就業規則変更の実務』（共著、清文社）ほか

溝口　博敬（みぞぐち　ひろよし）
特定社会保険労務士、ファイナンシャルプランナー
［略歴］　日本大学経済学部経済学科卒業、平成14年社会保険労務士試験合格、平成15年溝口社会保険労務士事務所開業。年金相談、年金セミナー講師、執筆活動、退職金制度見直し計画から設計、退職金規程作成・改定等を主な業務とする。
［主な著作等］　情報誌「1010」（草隆社）にて「損をしないための年金術」連載中、『親の葬儀とその後事典』（共著、法研）

吉田　直子（よしだ　なおこ）
特定社会保険労務士
［略歴］　武蔵野女子大学短期大学部（現・武蔵野大学）家政科卒業、平成14年社会保険労務士試験合格、平成16年2月「なお社会保険労務士事務所」開業、平成18年より商工会・銀行等で年金相談の実務に携わる。
［主な著作等］　「メンタルヘルスに関するQ&A」（キャリアサポート）

◎旧版執筆者
　　岡部　喜代子（おかべ　きよこ）

離婚時年金分割の考え方と実務〔第2版〕

平成25年7月31日　第1刷発行
平成29年8月26日　第2刷発行
平成5年4月10日　第3刷発行

定価　本体2,000円＋税

編　　者	年金分割問題研究会
発　　行	株式会社　民事法研究会
印　　刷	文唱堂印刷株式会社
発　行　所	株式会社　民事法研究会

〒150-0013　東京都渋谷区恵比寿3-7-16
〔営業〕TEL 03(5798)7257　FAX 03(5798)7258
〔編集〕TEL 03(5798)7277　FAX 03(5798)7278
http://www.minjiho.com/　　info@minjiho.com

落丁・乱丁はおとりかえします。　ISBN978-4-89628-882-7 C2032 Y2000E
カバーデザイン／袴田峯男

トラブル相談シリーズ

── トラブル相談の現場で必携となる1冊！──

2022年11月刊 営業秘密の管理方法、漏えいの予防方法などを書式を織り交ぜつつ解説！

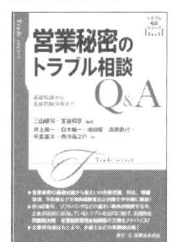

営業秘密のトラブル相談Q＆A
── 基礎知識から具体的解決策まで──

営業秘密の基礎知識から漏えいの兆候把握、対応、情報管理、予防策などを実務経験豊富な弁護士が平易に解説！　企業が現実に直面しているトラブルを設問に掲げ、実践的な問題解決策・営業秘密管理対策構築の方策をアドバイス！

三山峻司・室谷和彦 編著　井上周一・白木裕一・池田 聡・清原直己・矢倉雄太・西川侑之介 著

（Ａ５判・305頁・定価 3410円（本体 3100円＋税10％））

2022年2月刊 自転車にまつわる基礎知識やトラブル対処法をＱ＆Ａ方式でわかりやすく解説！

自転車利活用のトラブル相談Q＆A
── 基礎知識から具体的解決策まで──

自転車の購入・所有・管理・事故・通勤にまつわる基礎知識から、トラブル等の予防・救済に向けた対処法までをＱ＆Ａ方式でわかりやすく解説！　相談を受ける消費生活相談員、法律実務家等必携の１冊！

仲田誠一・内田邦彦・菊田憲紘・杉江大輔　著

（Ａ５判・221頁・定価 2640円（本体 2400円＋税10％））

2021年9月刊 消費者契約法の積極的活用に向けた好著！

消費者契約法のトラブル相談Q＆A
── 基礎知識から具体的解決策まで──

消費者契約法の適用が問題となるトラブル事例とその解決策について、消費者問題に精通する実務家が、消費者被害救済の立場を徹底してわかりやすく解説！　解説部分では冒頭にポイントを設け、図表を多用してわかりやすく説明！

大上修一郎・西谷拓哉・西塚直之・増田朋記　編

（Ａ５判・244頁・定価 2970円（本体 2700円＋税10％））

2021年9月刊 開業前から開店後の店舗運営にかかわる多様な申請手続について、丁寧に解説！

飲食店経営のトラブル相談Q＆A
── 基礎知識から具体的解決策まで──

開店における各種許認可手続から店舗運営・管理のあり方、日々のお客様との接し方、近隣住民との正しい付き合い方、従業員に対する適正な労務管理の方法、クレーマー対応のあり方など、あらゆる問題に応える実践的手引！

一般社団法人フードビジネスロイヤーズ協会　編

（Ａ５判・302頁・定価 2970円（本体 2700円＋税10％））

発行　**民事法研究会**

〒150-0013 東京都渋谷区恵比寿3-7-16
（営業）TEL 03-5798-7257　FAX 03-5798-7258
http://www.minjiho.com/　info@minjiho.com

トラブル相談シリーズ

― トラブル相談の現場で必携となる1冊！―

2021年8月刊 最新の実例に基づくさまざまな問題を、90の事例をもとに法的観点から解説！

葬儀・墓地のトラブル相談Q&A〔第2版〕
――基礎知識から具体的解決策まで――

「送骨」「手元供養」などの葬送秩序の変化や、葬儀ローン・離檀料などの新たな紛争類型を含む90の事例をもとに、法改正に対応してわかりやすく解説！　トラブル相談を受ける実務家、消費生活センター関係者、自治体担当者等必携の1冊！

長谷川正浩・石川美明・村千鶴子　編

（A5判・331頁・定価 3190円（本体 2900円＋税10％））

2020年3月刊 ペットをめぐるトラブルについて、法的な観点から解決に向けた方策を示す！

ペットのトラブル相談Q&A〔第2版〕
――基礎知識から具体的解決策まで――

令和元年の動物愛護管理法改正、債権法改正等を踏まえて、ペットをめぐるトラブルの実態、法的責任、対応策等について、ペット問題に精通する法律実務家がわかりやすく解説！

渋谷　寛・佐藤光子・杉村亜紀子　著

（A5判・281頁・定価 2750円（本体2500円＋税10％））

2019年2月刊 保証をめぐるトラブル事例とその解決策を、保証人保護の視点から解説！

保証のトラブル相談Q&A
――基礎知識から具体的解決策まで――

2017年改正民法を踏まえ、保証契約をするうえでの注意点や保証契約を締結してから生ずるさまざまなトラブル、保証人同士のトラブルなどへの対処法について、保証人保護の立場からわかりやすく解説！

新潟県弁護士会　編

（A5判・241頁・定価 3080円（本体2800円＋税10％））

2019年2月刊 管理組合が抱える悩みに対する解決策を実務に精通する弁護士がアドバイス！

マンション管理組合のトラブル相談Q&A
――基礎知識から具体的解決策まで――

「管理費等の滞納者が認知症である場合の対応」や「駐輪場に放置された自転車を処分、譲渡する場合の手続」など、マンション管理組合がかかわるトラブルの対処法について、Q&A方式で大胆かつわかりやすく解説！

中村　宏・濱田　卓　著

（A5判・301頁・定価 3410円（本体3100円＋税10％））

発行　民事法研究会

〒150-0013　東京都渋谷区恵比寿3-7-16
（営業）TEL03-5798-7257　FAX 03-5798-7258
http://www.minjiho.com/　　info@minjiho.com

トラブル相談シリーズ

― トラブル相談の現場で必携となる1冊！ ―

2019年1月刊 基礎知識から施術・契約・広告表示をめぐるトラブル等の予防・対処法までを解説！

美容・エステのトラブル相談Q＆A
―基礎知識から具体的解決策まで―

美容医療・エステについての法的規制、施術に関する基礎知識の解説から、施術、契約、表示をめぐるトラブル等の解決に向けた対処法について、被害の救済にあたってきた弁護士がわかりやすく解説！

美容・エステ被害研究会　編

（Ａ５判・295頁・定価 3300円（本体3000円＋税10％））

2018年11月刊 膨大・難解な特定商取引法をわかりやすく解説した、トラブル対応の必携書！

特定商取引のトラブル相談Q＆A
―基礎知識から具体的解決策まで―

訪問販売、通信販売、マルチ商法など特定商取引をめぐる広範なトラブル等について、消費者問題に精通する研究者・実務家が、最新の実務動向を踏まえてわかりやすく解説！

坂東俊矢　監修　　久米川良子・薬袋真司・大上修一郎・名波大樹・中井真雄　編著

（Ａ５判・291頁・定価 3300円（本体3000円＋税10％））

2017年6月刊 同一労働同一賃金ガイドライン案などの最新の法改正に向けた動きを踏まえて解説！

アルバイト・パートのトラブル相談Q＆A
―基礎知識から具体的解決策まで―

ブラックバイト、パワハラ、セクハラ、勤務先での事故・不祥事や正社員との待遇格差等、アルバイトとパートをめぐる数多くのトラブル事例を、労働法の基礎知識と具体的解決策等についてわかりやすく解説！

岩出　誠　編集代表　　ロア・ユナイテッド法律事務所　編

（Ａ５判・253頁・定価 2640円（本体2400円＋税10％））

2016年4月刊 改正標準旅行業約款や各種行政規制、関係判例などを織り込んだ最新版！

旅行のトラブル相談Q＆A
―基礎知識から具体的解決策まで―

旅行契約に関してトラブルの多いキャンセル料の発生や旅行内容の変更、旅行中の事故等、旅行をめぐるトラブルの実態を取り上げ、解決に向けた方策を、Ｑ＆Ａ方式でわかりやすく解説！

兵庫県弁護士会消費者保護委員会　編

（Ａ５判・248頁・定価 2420円（本体2200円＋税10％））

発行　**民事法研究会**

〒150-0013　東京都渋谷区恵比寿3-7-16
（営業）TEL03-5798-7257　FAX 03-5798-7258
http://www.minjiho.com/　　info@minjiho.com